# CONTE COMIGO
## PARA VER JESUS

CATEQUIZANDO – ETAPA 2

Envie suas sugestões e continue acessando o site de catequese que está bombando!

www.contecomigojesus.com.br

Cadastre-se e divirta-se com o conteúdo exclusivo!

Atenção: quem já se cadastrou pode continuar usando o mesmo login e senha, sem a necessidade de novo cadastro.

PE. PAULO CESAR GIL
MARIA CECÍLIA BITTENCOURT MASTROROSA
MARIA APARECIDA PORFÍRIO

# CONTE COMIGO
## PARA VER JESUS

CATEQUIZANDO – ETAPA 2

*Copyright* © Palavra e Prece Editora Ltda., 2009.
Nenhuma parte desta obra pode ser utilizada ou reproduzida sem a expressa autorização da editora.

*Coordenação editorial*
Júlio César Porfirio

*Revisão e diagramação*
Equipe Palavra & Prece

*Capa*
Execução: Casa de Idéias

*Ilustrações*
Carlos Cunha

ISBN: 978-85-7763-101-8

4ª reimpressão: 2015

**PALAVRA & PRECE EDITORA LTDA.**
Parque Domingos Luiz, 505 – Jardim São Paulo
02043-081 São Paulo, SP
**T/F** 11 55 2978 7253
E-mail: editora@palavraeprece.com.br
Site: www.palavraeprece.com.br

**EDIÇÕES LOYOLA JESUÍTAS**
Rua 1822, 341 – Ipiranga
04216-000 São Paulo, SP
**T** 55 11 3385 8500 / **F** 55 11 2063 4275
E-mail: editora@loyola.com.br
Site: www.loyola.com.br

# APRESENTAÇÃO

Queridos pais e catequistas,
A Paz esteja convosco!

*"Há um só Deus, e um só mediador entre Deus e os homens,
que se deu em resgate por todos".* (*1Tm* 2, 5-6)
*"Ele foi manifestado na carne, justificado no Espírito, contemplado pelos anjos,
proclamado às nações, crido no mundo, exaltado na glória".* (*1Tm* 3, 16)
*Mas quando o Filho do Homem voltar encontrará a fé sobre a terra?*
(*Lc* 18, 8)

Cabe a cada batizado, experimentando a fé em sua vida, vivê-la: *pessoalmente*, em *família* e em *comunidade*. A fé é transmitida de geração em geração e, por isso, não podemos nos omitir no hoje e no agora de nossa breve vida, porém, destinada a ser vida eterna.

Este manual é uma grande ajuda, pois utiliza a pedagogia de Jesus de acolher, ouvir, dialogar e através da escuta dos textos bíblicos sobre o assunto, ajudar a pessoa a descobrir a Boa-nova do Evangelho, levando o ouvinte a se decidir diante da Palavra de Deus, acolhendo-a com fé e discernindo como vivê-la hoje. A verdadeira educação é ajudar a pessoa a descobrir as coisas boas, para aderir a elas com convicção e praticá-las com vontade.

Podemos contar com Deus que é nosso Pai e nos ama sempre. Podemos contar com Jesus porque deu-nos a sua vida para nos salvar. Podemos contar com o Espírito Santo porque nos santifica, defende e ilumina.

Podemos contar com a Igreja que é "criação de Deus, construção de Cristo, animada e habitada pelo Espírito" (*1Cor* 3, 16; *Ef* 2, 22). A Igreja nos dá a fé, nos conduz na esperança e na caridade praticando os valores do Reino de Deus. A fé e a vida devem caminhar juntas, pois todos os que evangelizam são evangelizados e os que se deixam evangelizar já estão também evangelizando. A fé nos introduz nos dons de Deus, nos dons do Espírito Santo fazendo de nós pessoas santas e sábias que vão construindo a sua casa sobre a rocha.

Podemos e devemos contar com os pais, pois, graças ao Sacramento do Matrimônio o amor humano adquire um valor sobrenatural capacitando os cônjuges a participarem do próprio amor redentor de Cristo e a viverem como parcela viva da santidade da Igreja. Assim, os pais devem ser por missão, proveniente dos sacramentos, os primeiros e mais importantes catequistas dos filhos. Por isso as famílias são lares cristãos, "igrejas domésticas" onde os seus membros devem crescer em: "estatura, sabedoria e em graça diante de Deus e dos homens" (*Lc* 2, 52). Os casados devem ser os primeiros a viver e a testemunhar a vida conjugal e familiar, fundada na fidelidade ao compromisso assumido diante de Deus a própria identidade: a comunhão estável de amor entre um homem e uma mulher, fundada no matrimônio e aberto à vida.

Podemos contar com a família que é comunhão de pessoas em que reúna o amor gratuito, desinteressado e generoso. A família é o lugar onde em que se aprende a amar, pois o amor generoso dos esposos se prolonga nos filhos, pois nada impele tanto a amar como o sentir-se amado.

Podemos contar com a colaboração os catequistas aqui representados pelo Pe. Paulo César Gil, mestre em catequese e pelas Professoras: Maria Cecília Bittencourt Mastrorosa e Maria Aparecida S. Porfírio, catequistas experientes, que em união elaboraram este precioso manual de preparação para a Primeira Eucaristia com o título "CONTE COMIGO – Para ver Jesus". A Catequese renovada desfaz as divisões humanas, reconciliando em um só povo judeus e pagãos (*Ef* 2, 14ss), judeus e gregos, escravos e livres, homens e mulheres (*1Cor* 12, 13; *Cl* 3, 11; *Gl* 3, 28).

Podemos contar com a comunidade cristã que é constituída como Corpo de Cristo por meio do Evangelho (*Ef* 3, 6), nascida dum só batismo (*Ef* 4, 5), nutrida dum só pão (*1Cor* 10, 17), ela reúne num só povo (*Gl* 3, 28s) os filhos do mesmo Deus e Pai (*Ef* 4, 6). Essa unidade é católica, como se diz desde o século II; é feita para reunir todas as diversidades humanas, para se adaptar a todas as culturas (*1Cor* 9, 20ss) e abraçar o universo inteiro (*Mt* 28, 19).

*Conduzida pelo Espírito* (*Jo* 16, 13), a Igreja é 'coluna e suporte da verdade' (*1Tm* 3, 15), capaz, sem desfalecer, de 'guardar o depósito das sãs palavras recebidas dos Apóstolos (*2Tm* 1, 13s), isto é, de enunciá-lo e de explicá-lo sem erro. Tenhamos consciência de que não existe nenhuma situação difícil que não possa ser enfrentada de modo adequado, quando se cultiva um clima de vida cristã coerente. Não tenhamos medo do trabalho de fazer de nossa catequese uma integração entre: Comunidade, Família, Catequista e Catequizando em vista da formação como experiência: da fé, da consciência cristã, da oração e do engajamento na comunidade.

Com a gratidão, bênçãos e grande estima,
CONTE COMIGO – para anunciar Jesus!

Dom Joaquim Justino Carreira
Bispo Auxiliar de São Paulo
Região Episcopal Santana

## 1º ENCONTRO
## CONTE COMIGO PARA ANUNCIAR O REINO

Jesus conta com o nosso compromisso de anunciar o Reino.

**1º ENCONTRO**
**CONTE COMIGO PARA ANUNCIAR O REINO**

## 1. ESTAMOS AQUI!

Em nosso último encontro encerramos uma etapa com o compromisso de assumirmos o Reino de Deus, anunciado por Jesus, como sendo nosso também. A partir do encontro de hoje vamos pôr em prática, este compromisso assumido.

## 2. QUEREMOS APRENDER!

Perdoar, partilhar, amar, servir, aceitar são atitudes dos que assumem o Reino de Deus e que devem ser ensinadas a todos, porém muito difíceis de serem aceitas pelo mundo.
Como fazer isto?
Ao assumirmos o Reino de Deus e anunciá-lo, enfrentaremos dificuldades impostas pelo mundo para a aceitação desta Nova Vida em Jesus Cristo.

## 3. QUEREMOS ESCUTAR!

A Palavra de Deus traz esperança para nós. Ele fala com amor e espera a nossa atenção. Ouçamos o texto escolhido para o nosso encontro de hoje!

*Texto: Lc 10,1-11*

## 4. HORA DE PENSAR E CONVERSAR...

Jesus chamou para perto dele alguns homens para participar da missão de anunciar o Reino de Deus.
Ao ouvirem o chamado de Jesus, aqueles homens se alegraram por terem sido escolhidos para permanecer ao seu lado. Eles, imediatamente, se colocaram a serviço atendendo aos pedidos do Mestre.
Jesus percebeu que precisava ensinar algumas coisas para eles. Embora estivessem com vontade de ajudar, eles precisavam de uma formação.

Quantos anos nós precisamos estudar para nos formarmos como pessoas capacitadas para uma profissão? Como pessoas honestas, verdadeiras, responsáveis? A vida toda! Precisamos de muito tempo para tudo isso. Pois bem, foi isso que Jesus fez. Ele aproveitou todo o tempo que tinha ao lado de seus amigos e discípulos e ensinou com amor todos os que seriam seus seguidores.

No Evangelho que ouvimos, Jesus, antes de enviar os discípulos em missão, prepara-os fazendo algumas recomendações. Vejamos:

– *Eles foram enviados dois a dois:*

Vocês se lembram do nosso primeiro encontro de catequese? Qual era o tema?

JUNTOS SOMOS MAIS!

Deus nos chamou para viver em comunidade. Ser sinal de sua presença por uma vida de comunhão com as pessoas. Jesus enviou os discípulos para a missão da comunidade. Juntos eles caminhariam com mais segurança, entusiasmo, alegria e esperança. Sozinho, por vezes, temos medo de assumir algumas tarefas.

– *À frente de Jesus*

Eles seguiram antes para preparar a chegada de Jesus. Eles foram enviados para preparar os corações, anunciar o reino e comunicar a Paz que vem de Jesus, nosso Senhor.

## 1º ENCONTRO
## CONTE COMIGO PARA ANUNCIAR O REINO

– *Pedi, pois, ao Senhor da colheita que envie operários para sua colheita*

Jesus orientou seus discípulos que não se esquecessem de pedir a Deus mais colaboradores. A missão deles era fazer novos discípulos para o reino. Jesus queria contar com mais gente... Muita gente! Hoje nós devemos assumir o compromisso de fazer a comunidade crescer. Devemos falar para a nossa família, para os nossos amigos que fazer parte da comunidade de Jesus é bom. Somos felizes por isso!

– *Não deveriam levar nada para o caminho*

Jesus queria que eles seguissem o caminho desapegados de tudo. Sem preocupações! Quantas vezes saímos de viagem e levamos coisas que nem vamos precisar? É muita bagagem! Para servir Jesus basta ter Deus no coração, boa vontade e disponibilidade para aprender e servir. Jesus queria que os seus discípulos levassem somente amor no coração.

– *Em qualquer casa dizei: Paz a esta casa!*

Todos os discípulos foram enviados para anunciar a paz para quem encontrassem. Ricos e pobres, pessoas alegres ou tristes, para as casas grandes ou pequenas... Não podemos escolher as pessoas para partilhar o amor de Deus. Todos são especiais para Ele porque todos merecem a sua paz e o seu amor.

– *Permanecei na casa... comei e bebei o que tiverem*

Quando nos colocamos a serviço de Jesus descobrimos que Ele não deixa faltar nada para os seus amigos. Nós somos amigos de Jesus! Queremos caminhar com Ele, ouvir sua voz, acolher seus ensinamentos, atender ao seu chamado. Queremos visitar a casa das pessoas confiantes de que Ele está com a gente! Nós visitamos as casas e Ele visita os corações das pessoas, despertando nelas a fé em Deus.

– *Curai os enfermos e dizei: 'O Reino de Deus está próximo'*

Os discípulos foram levar uma mensagem de esperança e paz. Jesus quer fazer de nós pessoas capazes de cuidar dos doentes, das pessoas mais fracas, mais esquecidas, mais sofridas. Ajudar os mais pobres é antes de tudo, sinal de respeito para com a pessoa humana que não pode ser humilhada, marginalizada e esquecida. Todo discípulo de Jesus deve cuidar das pessoas com carinho e atenção.

Depois de refletirmos sobre as orientações de Jesus, pensemos:

Como eu vou acolher essas orientações?

Como eu posso colaborar com Jesus e anunciar o Reino?

Para quem eu gostaria de dizer: "A paz de Jesus nos une para o Amor!"?

VAMOS PENSAR!

## 5. VAMOS REZAR?

Senhor Jesus, estou iniciando a 2ª etapa na catequese. Aos poucos estou descobrindo que também sou responsável na construção do Reino de Deus. Ajude-me para que através de minhas palavras e boas ações todos os dias, eu cresça no meu entendimento e seja seu colaborador. Amém.

## 6. NÃO DEVEMOS ESQUECER!

## 7. CONTE COMIGO!

1. Recolha as letras que estão no caminho que leva às crianças e veja qual é a mensagem que você vai comunicar a elas ao anunciar o Reino.

2. Usando o código secreto descubra algumas atitudes daqueles que anunciam o Reino.

Vamos mandar um recado para um amigo dizendo:

"JESUS QUER A NOSSA FELICIDADE! VAMOS COLABORAR COM ELE SENDO AMIGOS DE VERDADE, FAZENDO O BEM, AMANDO NOSSOS PAIS E IRMÃOS, RESPEITANDO AS PESSOAS."

VAMOS CONTINUAR PERSEVERANTES NA FÉ E NA VIDA DA COMUNIDADE PARTICIPANDO DOS ENCONTROS DA NOVA ETAPA DE CATEQUESE QUE SE INICIA AGORA.

## 2º ENCONTRO
## DEVO PERTENCER AO REINO PARA ANUNCIAR A BOA-NOVA DE JESUS

A proposta de Jesus nos leva a pertencer ao Reino.

**2º ENCONTRO**
**DEVO PERTENCER AO REINO PARA ANUNCIAR A BOA-NOVA DE JESUS**

## 1. ESTAMOS AQUI!

Lúcia e Mateus, assim que mudaram para a nova cidade procuraram um clube esportivo para se associarem, pois, como praticantes assíduos de esportes, não podiam ficar parados.

Carlos, seu vizinho, levou-os até o Clube Esportivo Conte Comigo do qual ele era sócio. Após terem recebido o estatuto e a programação das atividades do clube e apresentado aos seus pais, Lúcia e Mateus foram autorizados por eles a se associarem ao clube. Assim eles passaram a freqüentá-lo, junto com Carlos, todos os dias.

## 2. QUEREMOS APRENDER!

Toda organização de pessoas (clube, associação, condomínio, etc.) possui uma série de normas, orientações, regras chamadas de "estatuto" que devem ser aceitas, obedecidas e cumpridas pelas pessoas que a ela pertencem.

Vocês ou suas famílias fazem parte de alguma associação ou clube?

Vocês conhecem o estatuto deles?

Se quisermos pertencer ao Reino de Jesus devemos conhecer qual é o "estatuto", isto é, o que nos é proposto aceitar, obedecer e cumprir para fazermos parte dele.

Vocês sabem dizer o que nos é proposto?

Vamos escutar qual o programa de atividades que Jesus propõe para quem quer pertencer ao seu Reino.

## 3. QUEREMOS ESCUTAR!

A palavra de Deus vai nos contar que Jesus ao se encontrar com João Batista para ser batizado anuncia que o seu projeto de vida é cumprir toda a justiça. Escutemos!

Agora vamos escutar e acolher a palavra que nos apresenta o programa da atividade de Jesus.

## 4. HORA DE PENSAR E CONVERSAR...

Ouvimos falar em organização de pessoas, estatuto, proposta de vida e até mesmo em programa de vida. O que vem a ser tudo isso? O ser humano, para viver em sociedade, precisa de princípios, regras, limites e até mesmo de leis para que haja harmonia uns com os outros. Cada um respeitando o direito do outro. Para isso é importante que cada pessoa saiba quais são os seus direitos e deveres.

Quando queremos fazer parte de um grupo devemos respeitar e valorizar a todos, conhecer as pessoas e o seu estatuto (conjunto de regras de sua organização e funcionamento).

Jesus queria que os seus amigos e todo o povo que o seguia encontrassem alegria por pertencer ao Reino. Ele viveu intensamente amando e respeitando as pessoas. Ele apresentou o Reino como caminho para a verdadeira justiça, porque o seu Reino é lugar de liberdade, de solidariedade, de amor, de paz, de felicidade e muito mais!

Como ouvimos no Evangelho de São Lucas, o programa de atividade para Jesus era libertar o seu povo e acompanhar a todos para que a vida das pessoas fosse mais digna e feliz.

Ele repetiu a palavra de Deus que está no livro do Profeta Isaías e assumiu para si o compromisso de cuidar do seu povo, dizendo:

2º ENCONTRO
DEVO PERTENCER AO REINO PARA ANUNCIAR A BOA-NOVA DE JESUS

Texto
Mt 3,13-17

Texto
Lc 4,14-21

**2º ENCONTRO**
**DEVO PERTENCER AO REINO PARA ANUNCIAR A BOA-NOVA DE JESUS**

*"O Espírito do Senhor está sobre mim, porque ele me consagrou com a unção, para anunciar a Boa Notícia aos pobres; enviou-me para proclamar a libertação aos presos e aos cegos a recuperação da vista; para libertar os oprimidos e para proclamar um ano de graça do Senhor"* (Is 61,1-2).

Jesus assumiu este programa de atividade como um compromisso depois de ser batizado por João no Rio Jordão.

Assim como ele, todos nós fomos chamados a um compromisso como cristãos.

O que é ser cristão?
Ser cristão é acolher os ensinamentos de Jesus e seguir seus passos.
É ser uma pessoa de fé, de paz, alegre e confiante em Deus.
É ser defensor da vida.

Somos cristãos porque fomos batizados e queremos encontrar Jesus buscando viver uma vida comprometida com os valores do Evangelho. Isso nos leva a pertencer ao Reino.

Jesus chama a todos seus amigos a uma vida simples e solidária, a estabelecer amizades sinceras e gratuitas com os outros.

## 5. VAMOS REZAR?

Jesus, eu quero ser um portador da Boa-Notícia de Deus na vida das pessoas que eu amo, na escola, com todos os meus amigos, irradiando a paz, o amor e o bem. Dê-me a sua graça para eu viver e praticar com obediência os ensinamentos que estou recebendo. Amém.

## 6. NÃO DEVEMOS ESQUECER!

- Trazer recortes de jornal ou revista ilustrando uma torcida de futebol festejando um gol ou uma vitória do time.

## 7. CONTE COMIGO!

Que tal elaborarmos agora o nosso estatuto?

Vamos lá! Vamos estabelecer 5 princípios fundamentais para o nosso grupo. Lembrem-se que serão regras para todos. Caberá a cada um e a todos observar com respeito e atenção cada princípio estabelecido pelo grupo.

## 2º ENCONTRO
### DEVO PERTENCER AO REINO PARA ANUNCIAR A BOA-NOVA DE JESUS

Use o espaço abaixo para copiar o estatuto.

**NOSSO ESTATUTO**

_____
_____
_____
_____
_____
_____
_____
_____
_____
_____
_____
_____
_____
_____
_____

Muito bem, agora que já temos um "estatuto" cabe a cada um de nós acolher e respeitar os princípios estabelecidos e fazer um compromisso de não falhar. Podemos então dizer que fazemos parte de um grupo orientado por um estatuto próprio.

> VAMOS ASSUMIR O PROGRAMA DE ATIVIDADES QUE JESUS PROPÕE E FAZER COM QUE ELE SEJA CONHECIDO PELOS NOSSOS AMIGOS E FAMILIARES.

# 3º ENCONTRO
# QUERO SER SAL DA TERRA E LUZ DO MUNDO

É muito bom acolher a palavra de Jesus.

## 1. ESTAMOS AQUI!

Já ouvimos Jesus dando as últimas recomendações a seus discípulos, amigos e a nós que nos propomos anunciar o Reino de Deus. Hoje Ele vai nos dizer como devem ser os anunciadores deste Reino.

## 2. QUEREMOS APRENDER!

Iniciamos o nosso encontro comendo pipoca e procurando ler uma mensagem. O que vocês me dizem sobre o que aconteceu aqui?

Podemos dizer que a pipoca sem sal, não agradou a ninguém, estava sem gosto. O mesmo com a caixa sem luz, pois no escuro não se conseguiu descobrir o que estava nela, não se pôde ler a mensagem.

O sal tem uma função muito importante em nossa vida. Ele dá sabor aos alimentos, sem ele tudo fica sem gosto. A luz, por sua vez, também, pois sem ela não podemos ver o que está a nossa frente, ao nosso redor. Ficamos sujeitos a cair, tropeçar ou bater em algum obstáculo quando caminhamos.

## 3. QUEREMOS ESCUTAR!

Vamos acolher a Palavra com o coração em festa! Jesus vai nos falar!

Texto
Mt 5,13-16

## 4. HORA DE PENSAR E CONVERSAR!

Jesus queria ver sua comunidade presente em todo lugar como um grupo de amigos capaz de levar entusiasmo às pessoas, testemunhando a alegria de pertencer a uma comunidade de vida e de fé.

Vamos observar, nos recortes trazidos, a alegria e o entusiasmo que as pessoas estão sentindo.

**3º ENCONTRO**
**QUERO SER SAL DA TERRA E LUZ DO MUNDO**

– E aí minha gente? O que vemos?

Vimos muitas pessoas reunidas, gritando, com bandeiras nas mãos ou soltando fogos, cantando, vibrando por mais um gol. Elas brilham como luz através da alegria e da festa que fazem.

O que podemos festejar com a comunidade?

- Festa do(a) padroeiro(a);
- Natal;
- Ressurreição de Jesus;
- Vinda do Espírito Santo (Pentecostes);
- Dia das mães;
- Dia dos pais;
- Dia das crianças;
- Chegada da primavera;
- Aniversário de nossos amigos: o padre, os catequistas, os amigos de turma...

O que mais podemos comemorar?

Temos que participar da vida de nossa comunidade e com ela festejar as alegrias e conquistas.
O que Jesus espera de nós ao nos dizer: "Vós sois o sal da terra... a luz do mundo..."?
Ser sal da terra é estar presente em todos os ambientes e saber se comportar como cristão. O cristão pertence a comunidade de Jesus e vive os seus ensinamentos. Comunica paz e esperança ao mundo. Sabe partilhar amor, ser fraterno e solidário com as pessoas.
Nós, cristãos, devemos colaborar com Jesus com entusiasmo, com gosto, sentindo prazer em tudo que fazemos. Assim como o sal é importante nos alimentos, devemos dar sabor à vida das pessoas. Se não cumprirmos esta tarefa será difícil ser discípulo de Jesus.
Jesus disse também: "Vos sois a luz do mundo!".

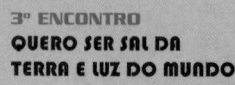

**3º ENCONTRO**
**QUERO SER SAL DA TERRA E LUZ DO MUNDO**

A nossa fé deve brilhar através de nós como uma vela ou uma lâmpada que ilumina um lugar. Que ajuda as pessoas que estão no escuro, isto é, estão afastadas de Deus.

– Como podemos ser sal e luz para as pessoas?

Nós podemos e devemos fazer brilhar as boas obras. Se fugirmos desta responsabilidade nos tornaremos inúteis como uma lâmpada colocada dentro de uma vasilha.

Jesus nos ensina nos ensina que devemos nos colocar a serviço do outro como luz que ilumina.

## 5. VAMOS REZAR?

Faça sua oração usando as palavras abaixo:

VIDA – LUZ – SAL – REINO – ALEGRIA – COMUNIDADE – AMOR – SER FRATERNO

## 6. NÃO DEVEMOS ESQUECER!

## 7. CONTE COMIGO!

1. Coloque no saleiro e na lâmpada o que você deve fazer para ser "sal da terra" e "luz do mundo".

2. Desembaralhe as letras e descubra o que Jesus pede a você.

   **Galerar e marina a diva sod touros.**

> VAMOS SER COMO O SAL DA TERRA E COMO A LUZ DO MUNDO FAZENDO UM COMPROMISSO COM JESUS:

_____
_____
_____
_____

# 4º ENCONTRO
## IGREJA, SACRAMENTO DE JESUS

A Igreja é sinal da presença de Jesus entre nós.

4º ENCONTRO
IGREJA, SACRAMENTO DE JESUS

## 1. ESTAMOS AQUI!

Vamos aprender um pouco mais sobre a nossa Igreja, conhecendo e respeitando a hierarquia.

## 2. QUEREMOS APRENDER!

Como vimos na dinâmica existia uma hierarquia entre os participantes representada pela ordenação. O levantar ou permanecer sentado correspondia ao respeito pelo outro (por exemplo: o participante da décima sexta colocação levanta-se ao ser chamado pelo participante da décima terceira colocação, respeitando a hierarquia).

Em nossa sociedade como em nossa comunidade, em nossa escola e em nossa família as pessoas precisam ser respeitadas pelo papel que exercem.

Recebemos dessas pessoas orientações, conselhos, ensinamentos e, até mesmo, responsabilidades.

Na sua escola como é essa organização?

Essa organização na escola tem por finalidade contribuir para que todo o trabalho desenvolvido alcance os objetivos propostos.

Jesus quando pensou em organizar a sua comunidade escolheu Pedro para ser o seu "representante" e os demais apóstolos seus colaboradores.

## 3. QUEREMOS ESCUTAR!

Texto
Mt 16,13-19

No Evangelho que vamos ouvir Jesus está organizando a sua comunidade, sua Igreja e confiando aos apóstolos o cuidado de seu projeto. Pedro recebe de Jesus a tarefa de ser o chefe de sua comunidade. Ouçamos com atenção!

## 4. HORA DE PENSAR E CONVERSAR...

A Igreja é um projeto que nasceu do coração de Deus Pai. Ela foi preparada na Antiga Aliança com Israel e instituída por Jesus. A Igreja é a semente do Reino de Deus que misteriosamente está presente no mundo, cresce e dá frutos. Torna-se sempre mais sinal e instrumento de Deus na História.

A Igreja foi, como ouvimos no Evangelho, edificada sobre Pedro e os outros apóstolos e dirigida por seus sucessores até os dias atuais. Hoje o sucessor de Pedro é o Papa e dos apóstolos, os bispos.

Com a Igreja, a Boa-nova do Evangelho se espalhou por todos os cantos do mundo, para todos os povos e nações. As comunidades cristãs foram se multiplicando e testemunhando a comunhão com Jesus Cristo. Ele ensinou que a Igreja precisa ser acolhedora, servidora, fiel, evangelizadora, missionária e comprometida com os mais pobres; deve ser também portadora de paz e esperança para o mundo.

**Uma Igreja acolhedora deve acolher como Jesus:** *"Venham para mim todos vocês que estão cansados de carregar o peso do seu fardo, e eu lhes darei descanso"* (Mt 11,28).

**Uma Igreja servidora deve servir como Jesus:** *"Quem de vocês quiser ser o primeiro, deverá tornar-se o servo de todos. Porque o filho do Homem não veio para ser servido. Ele veio para servir e para dar a sua vida como resgate em favor de muitos"* (Mc 10,44-45).

**Uma Igreja fiel deve ser fiel como Jesus:** *"A palavra que vocês ouvem não é minha, mas é a palavra do Pai que me enviou"* (Jo 14,24b).

**Uma Igreja evangelizadora deve evangelizar como Jesus:** *"Jesus percorria todas as cidades e povoados ensinado em suas sinagogas, pregando a Boa Notícia do Reino..."* (Mt 9,35).

# 4º ENCONTRO
## IGREJA, SACRAMENTO DE JESUS

**Uma Igreja missionária deve sair em missão como Jesus:** *"Devo anunciar a Boa Notícia do Reino de Deus também para as outras cidades, porque para isso é que fui enviado"* (Lc 4,43).

**Uma Igreja comprometida com os pobres deve amar como Jesus:** *"Eu vim para que tenham vida e a tenham em abundância"* (Jo 10,10b).

Como podemos fazer nossa comunidade ser Igreja do jeito que Jesus ensinou?

A Igreja se torna sinal da presença de Jesus. Ela é sacramento de Jesus!

Os sacramentos da Igreja:

Assim como a Igreja se torna sinal da presença de Jesus, ela convida a todos nós para acolhermos os sacramentos instituídos por Jesus e confiados a sua Igreja.

Sacramento é: "Um sinal visível e eficaz da graça, instituído por Jesus Cristo, para nossa santificação". Ele escolheu sinais que faziam parte da vida do povo.

Os sacramentos nos levam a um compromisso de fé, de amor para com os nossos irmãos, nos ajudam a viver uma vida em comunhão com Deus, servindo e transformando a sociedade.

Jesus Cristo é o grande sacramento do amor para com os homens: sinal visível e eficaz.

**Visível** – porque viveu junto de seu povo, se fez homem como nós. Todos podiam falar, caminhar e aprender com ele.

**Eficaz** – porque quem crer em suas palavras e seguir seus passos tem por garantia a salvação.

Todos os sacramentos foram instituídos por Jesus Cristo que é o autor da graça e pode comunicá-la por meio de sinais sensíveis. Eles são sete: o Batismo, a Confirmação, a Eucaristia, a Penitência, a Unção dos Enfermos, a Ordem e o Matrimônio.

É o Espírito Santo quem prepara a todos para a recepção dos sacramentos.

Por eles recebemos a **Graça Santificante**. Graça de Deus. É Deus conosco e nós com Ele. Ele em nós e nós nele.

**BATISMO:** A vida é o maior dom que recebemos de Deus através de nossos pais. Podemos sentir a vida presente em nosso corpo, em nossos pensamentos e sonhos... Mas é pelo batismo que podemos alcançar a vida divina e nos tornarmos filhos e filhas de Deus. No plano de amor revelado por Jesus, o batismo é necessário para a salvação. Ele é a porta que dá acesso aos demais sacramentos, e sem ele não se pode receber nenhum outro.

> PELO SACRAMENTO DO BATISMO NASCEMOS PARA A VIDA DA IGREJA E NOS TORNAMOS FILHOS E FILHAS DE DEUS.

**CONFIRMAÇÃO OU CRISMA:** O Sacramento da Confirmação ou Crisma nos dá a fortaleza de Deus para sermos firmes na fé e perseverantes no amor a Deus e ao próximo.

Nos ajuda para o compromisso de cumprir o direito e o dever que recebemos pelo batismo; nos fortalece para o discipulado: discípulos de Jesus para anunciar a fé em Deus e levar o Evangelho as pessoas através de nossas palavras e exemplo – testemunho.

> PELO SACRAMENTO DA CONFIRMAÇÃO NOS TORNAMOS APÓSTOLOS DE CRISTO.

**EUCARISTIA:** O Sacramento da Eucaristia nos coloca em comunhão com Jesus Cristo sacramentado sob as espécies de pão e vinho na Sagrada Comunhão. É o alimento espiritual da alma. Jesus ao instituir a Eucaristia quis nos transmitir sua graça, sua presença viva.

A Eucaristia é o mais importante dos sacramentos, porque é o centro da vida e alimento de todos os cristãos. É o Sacramento de Unidade: a comunhão se dá na união entre todos os cristãos. É a expressão maior da unidade da Igreja com Jesus. Sua celebração só é possível onde há uma comunidade de fiéis.

> PELO SACRAMENTO DA EUCARISTIA ACOLHEMOS O CONVITE DE JESUS: *"FIQUEM UNIDOS A MIM E EU FICAREI UNIDOS A VOCÊS"* (Jo 15,4) E AO SEU CONSELHO: *"AMEM-SE UNS AOS OUTROS, ASSIM COMO EU VOS AMEI"* (Jo 15,12).

# 4º ENCONTRO
## IGREJA, SACRAMENTO DE JESUS

**PENITÊNCIA:** O Sacramento da Penitência, também chamado de Reconciliação, é o sacramento instituído por Jesus para apagar os pecados. É o sacramento de nossa cura espiritual, que nos leva a conversão: nosso retorno ao aconchego dos braços de Deus Pai.

> PELO SACRAMENTO DA PENITÊNCIA RECEBEMOS DE DEUS O PERDÃO E A PAZ.

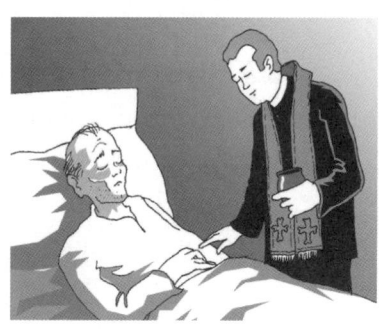

**Unção dos Enfermos:** O Sacramento da Unção dos Enfermos confere ao cristão uma graça muito especial. Ajuda a pessoa a enfrentar as dificuldades que são próprias de uma doença grave ou até mesmo da velhice. O sacramento leva o cristão a suportar com fé e fortaleza as dores e o sofrimento. Não é um sacramento só daqueles que se encontram às portas da morte.

> PELO SACRAMENTO DA UNÇÃO DOS ENFERMOS RECEBEMOS O CONFORTO DE DEUS, O PERDÃO DE NOSSOS PECADOS E, SE FOR VONTADE DE DEUS, TAMBÉM A RECUPERAÇÃO DA SAÚDE.

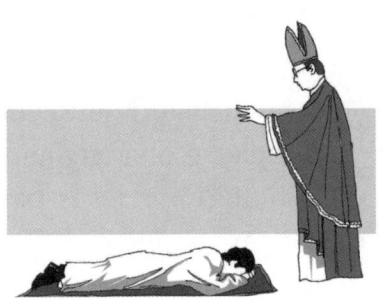

**ORDEM:** É o sacramento pelo qual alguns são chamados e constituídos ministros sagrados da Igreja, cooperadores do Bispo. O Sacramento da Ordem tem esse nome porque compreende vários graus subordinados entre si. São ordenados os Diáconos, os Padres e os Bispos. Todos trabalham como consagrados e capacitados para atuar na pessoa de Cristo buscando o bem de todo o Povo de Deus.

> PELO SACRAMENTO DA ORDEM OS MINISTROS ORDENADOS PODEM: CELEBRAR A SANTA MISSA, PERDOAR OS PECADOS DOS FIÉIS E ADMINISTRAR OS DEMAIS SACRAMENTOS.

**MATRIMÔNIO:** O Matrimônio é o sacramento que dá aos esposos uma graça especial para serem fiéis um ao outro e santificar-se na vida matrimonial e familiar.

O Matrimônio é o sacramento que santifica a união indissolúvel entre um homem e uma mulher, e concede aos dois a graça para cumprir fielmente seus deveres de esposos e de pais.

> PELO SACRAMENTO DO MATRIMÔNIO HOMEM E MULHER SE AJUDAM MUTUAMENTE A SANTIFICAR-SE NA VIDA CONJUGAL, COMO TAMBÉM NA ACEITAÇÃO E EDUCAÇÃO DOS FILHOS.

## 5. VAMOS REZAR?

**Catequista:** Vamos recordar através dos símbolos que a Igreja de Jesus revela sua presença entre nós através dos sacramentos.

**Catequista:** Eis a água utilizada no Batismo para o começo da vida nova em Cristo.

**Todos: Senhor, batizados no Espírito Santo, nós vos pedimos a força para viver nossa fé.**

**Catequista:** Eis o óleo consagrado para nos fortalecer no anúncio da fé em Deus levando o Evangelho às pessoas através de palavras e exemplos.

**Todos: Senhor, queremos ser suas testemunhas com a força do Espírito Santo.**

**Catequistas:** Eis o pão que alimenta e que dá vida a nossa comunidade cristã.

**Todos: Senhor, dai-nos sempre deste pão.**

**Catequista:** Eis a cruz de Cristo, sinal de salvação que nos convida a tomar o caminho de volta ao Pai.

**Todos: Senhor, ajude-nos a não pecar mais. Jesus misericórdia!**

**Catequista:** Eis o óleo abençoado para ungir os enfermos no momento de dor e sofrimento.

**Todos: Senhor, guarde-nos no seu amor.**

**Catequista:** Eis a estola utilizada pelo sacerdote, símbolo do serviço que assume para atuar na pessoa de Cristo buscando o bem de todo o Povo de Deus.

**Todos: Senhor, enviai operários para a vossa messe, pois a messe é grande e os operários são poucos.**

**4º ENCONTRO**
**IGREJA, SACRAMENTO DE JESUS**

**Catequista:** Eis as alianças, símbolo da união matrimonial entre o homem e a mulher para uma vida de amor e fidelidade.

**Todos:** Senhor, que todos os casais se ajudem construindo uma vida edificada no amor.

**Catequista:** Senhor, queremos viver intensamente a nossa vocação e missão na Igreja.

**Todos:** "Fica conosco, Senhor, que é a própria Verdade como revelador do Pai, ilumine nossas mentes com sua Palavra; ajuda-nos a sentir a beleza de crer no Senhor". (cf. DA 554)

## 6. NÃO DEVEMOS ESQUECER!

# 7. CONTE COMIGO!

1. Cruzadinha
   1) É sinal de Jesus no mundo.
   2) Sacramento que apaga os nossos pecados depois do Batismo.
   3) Por ele nascemos para a vida da Igreja.
   4) É o mais importante de todos os sacramentos.
   5) Ajuda a enfrentar as dificuldades que são próprias de uma doença grave.
   6) Por ele nos tornamos apóstolos de Cristo.
   7) Constitui ministros sagrados da Igreja.
   8) Santifica a união entre um homem e uma mulher.
   9) A recebemos através de quaisquer sacramentos.
   10) É quem nos prepara para recebermos os sacramentos.
   11) Outro nome dado para o sacramento da penitência.
   12) É o grande sacramento (sinal) do amor de Deus para com os homens.

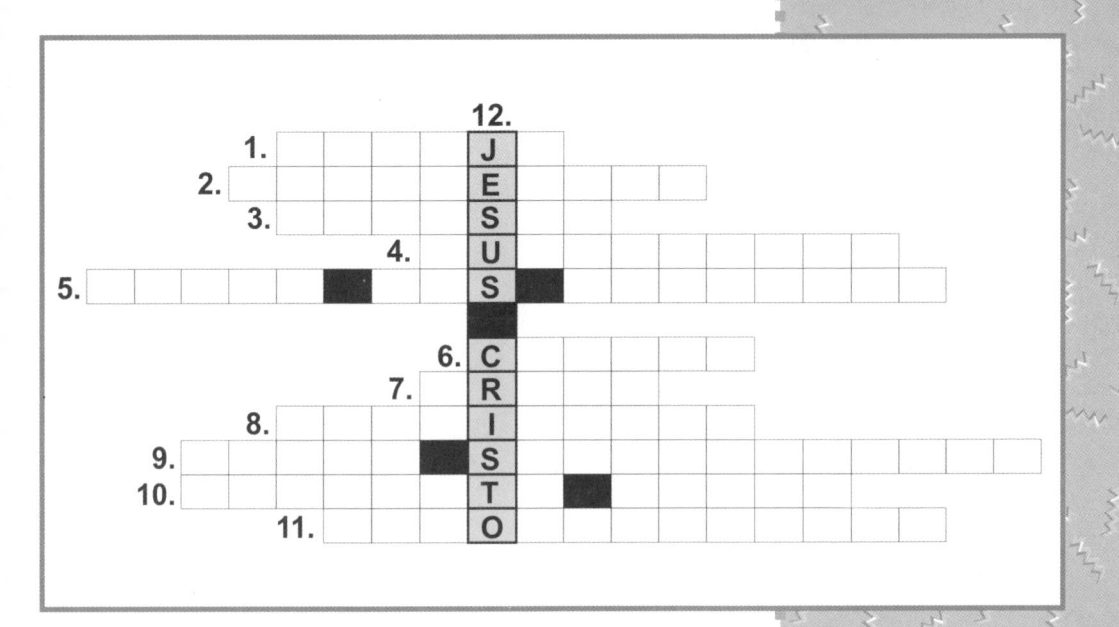

**4º ENCONTRO**
**IGREJA, SACRAMENTO DE JESUS**

2. Com a ajuda de um espelho leia e escreva na linha em branco a mensagem de Jesus para você.

Eu sou o verdadeiro sinal do amor de Deus por você.

> VAMOS SER SINAL DE UMA IGREJA, SACRAMENTO DE JESUS, TRAZENDO OS NOSSOS AMIGOS PARA ELA.

# 5º ENCONTRO
## O REINO DE DEUS É DE PERDÃO E MISERICÓRDIA

O perdão é um presente de Deus por meio de Jesus.

## 1. ESTAMOS AQUI!

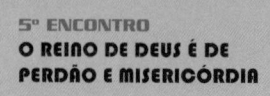

Vamos iniciar o nosso encontro lendo ou cantando este texto.

Este Pranto Em Minhas Mãos (Waldeci Farias e Dom Navarro)

Muito alegre eu te pedi o que era meu
Parti, num sonho tão normal.
*Dissipei* meus bens e o coração também,
no fim meu mundo era irreal.

Confiei no teu amor e voltei, sim aqui é meu lugar,
Eu gastei teus bens, ó pai, e te dou este *pranto* em minhas mãos.

Mil amigos conheci disseram: "Adeus!"
Caiu, a solidão em mim.
Um patrão cruel levou-me a refletir:
"Meu pai, não trata um *servo* assim."

Confiei no teu amor e voltei ...

Nem deixaste-me falar da ingratidão,
Morreu no abraço o mal que eu fiz.
Festa, roupa nova, anel, sandália aos pés.
Voltei à vida, sou feliz.

Confiei no teu amor e voltei ...

## 2. QUEREMOS APRENDER!

A letra da música fala de bens, partida, pranto, solidão, pai, abraço, festa, amor ...
O que será que ela quer dizer?
Ela nos fala de alguém que partiu para realizar um sonho, mas este sonho virou pesadelo e, arrependido, ele resolve voltar e é recebido com festa, abraço, amor.

## 3. QUEREMOS ESCUTAR!

Com muita atenção vamos ouvir a palavra de Deus e acolher os ensinamentos de Jesus

## 4. HORA DE PENSAR E CONVERSAR...

O perdão é um presente de Deus por meio de Jesus. Jesus ensinou aos seus amigos que o perdão transforma o coração das pessoas, faz com que elas se alegrem com a volta de quem estava afastado, de quem estava perdido, de quem estava longe e separado da linda experiência de amor e comunhão com a família, entre os amigos e na comunidade.

Perdoar é reconciliar-se! É reaprender a viver unidos num só coração por vontade e exemplo de Jesus. É se alegrar de verdade, como ouvimos no Evangelho.

Quando uma pessoa comete uma falta, um pecado e se afasta, deixa muita gente triste, como se perdesse algo muito valioso. Veja o exemplo da ovelha que se perdeu, quando ela foi encontrada o seu pastor se alegrou e convidou a todos para celebrar a sua alegria (cf. Lc 15,5). Ele fez uma festa!

O outro exemplo é a história de uma mulher que perdeu uma moeda, tão necessária para ela. Talvez aquela moeda faria falta para as despesas com os cuidados da casa, para as necessidades de sua família... Quando ela deu falta da moeda, imediatamente começou a procurá-la. Ao encontrá-la reuniu as amigas e vizinhas para que elas se alegrassem com ela (cf. Lc 15,9).

Com as parábolas que ouvimos, Jesus nos ensina que devemos nos alegrar sempre quando encontramos o que estava perdido. O perdão é uma forma de se alegrar com a volta de quem erra, se perde, se afasta... Ele nos ensina a perdoar porque quer a nossa felicidade. Para ser feliz de verdade não podemos guardar no coração nenhuma mágoa, raiva ou tristeza.

**5º ENCONTRO**
**O REINO DE DEUS É DE PERDÃO E MISERICÓRDIA**

Texto
Lc 15,1-7.
11-32

## 5º ENCONTRO
## O REINO DE DEUS É DE PERDÃO E MISERICÓRDIA

Um coração bom é o que Jesus quer ver em cada um de nós. Para se ter um coração bom é preciso reconhecer que sozinhos não somos nada! Precisamos das outras pessoas que nos amam para sermos felizes e para viver como família, como uma verdadeira comunidade de amor.

Como vimos no Evangelho desse encontro, quando uma pessoa se distancia de seus pais, parentes e amigos, logo se sente sozinha, insegura, fraca, pois afastar-se de quem se ama é como fugir e se perder.

Diante do pecado, como voltar e reconciliar-se com Deus?

Para reconciliar-se com Deus e com os irmãos é necessário:

– **Fazer um cuidadoso exame de consciência:**

O filho sentiu-se perdido e caindo em si percebeu que longe de sua casa e de sua família o sofrimento era grande. Ele reconheceu o seu erro: *"Vou me levantar e vou encontrar o meu pai..."* (v. 17-18).

– **Arrepender-se dos pecados cometidos (ato de contrição):**

O arrependimento nasce de uma profunda reflexão sobre o erro que cometemos e provoca o desejo de não mais pecar. *"Pai pequei contra Deus e contra ti; já não mereço ser chamado teu filho"* (v. 18-19).

– **Firme propósito de não cometê-los mais (firme propósito):**

O firme propósito acontece quando decidimos caminhar um busca do perdão, da reconciliação com Deus e com os nossos irmãos e irmãs. *"Então se levantou e foi ao encontro do pai"* (v. 20).

– **Dizer os pecados ao sacerdote (fazer a confissão: manifestação humilde e sincera dos próprios pecados):**

No caso da parábola que ouvimos, o filho voltou arrependido para a casa de seu pai e fez a sua confissão manifestando com humildade o seu erro. *"Pai, pequei contra Deus e contra ti; já não mereço que me chamem teu filho"* (v.21).

O pai acolhe o filho de volta, toma iniciativas para o perdão, a reconciliação necessária para que ele restabeleça a sua dignidade de filho. O pai pede para preparar uma festa e oferece ao filho: a melhor túnica, um anel e sandálias para os pés. *"Vamos fazer um banquete. Porque este meu filho estava morto, e tornou a viver; estava perdido, e foi encontrado"* (v.23-24).

- **Cumprir a penitência (satisfação):**

Na parábola, o pai sugere a realização de uma festa. Ele queria que todos vissem o seu filho sendo acolhido em sua casa, de volta à vida. O filho estava perdido e precisava ser encontrado; estava morto e precisava viver. *"E começaram a festa"* (v.24).

Cumprir a penitência não é um castigo, mas a busca da reconciliação. É como fazer uma festa. Festa porque com o perdão de Deus, voltamos à vida, nos encontramos novamente e continuamos a caminhada com um coração renovado.

Cumprir a penitência é fazer o caminho de volta – é fazer conversão para receber o amor e o perdão de Deus.

> "BUSCANDO O SACRAMENTO DA RECONCILIAÇÃO RECEBEMOS DE DEUS O PERDÃO E A PAZ."

**5º ENCONTRO**
**O REINO DE DEUS É DE PERDÃO E MISERICÓRDIA**

## 5. VAMOS REZAR?

*Agradeço, Jesus, pelo seu perdão, e porque me ensinou a perdoar. Hoje eu sei o quanto o senhor me ama e não quer que eu me perca pelo caminho. O senhor me conhece e me chama pelo nome e eu quero segui-lo porque sei que vale a pena viver como o senhor viveu. Ajude-me para que eu possa permanecer no seu amor. Amém.*

## 6. NÃO DEVEMOS ESQUECER!

5º ENCONTRO
O REINO DE DEUS É DE PERDÃO E MISERICÓRDIA

# 7. CONTE COMIGO!

Com os quadrinhos abaixo monte uma história. Para isso enumere-os na ordem correta, pinte-os e escreva nos balões o que cada personagem está dizendo.

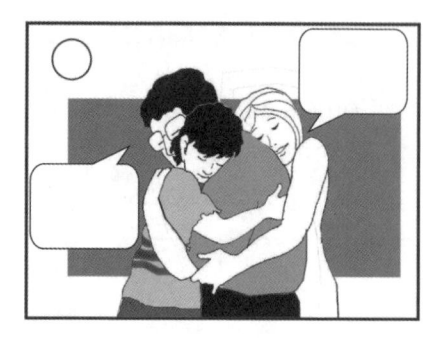

**5º ENCONTRO**
**O REINO DE DEUS É DE PERDÃO E MISERICÓRDIA**

VAMOS NOS ESFORÇAR PARA TER UM CORAÇÃO BOM E FALAR AOS NOSSOS AMIGOS QUE DEUS NOS ACOLHE COM GRANDE CARINHO QUANDO VOLTAMOS PARA ELE.

## 6º ENCONTRO
# PERDOAR É NECESSÁRIO PARA SER FELIZ

Deus nos perdoa com amor. Devemos perdoar também.

**6º ENCONTRO**
**PERDOAR É NECESSÁRIO PARA SER FELIZ**

## I. ESTAMOS AQUI:

Algumas vezes, certas atitudes surpreendem a sociedade. Assim foi com a família Ota, quando perdeu o filho. Vamos ler a matéria abaixo e saber do que se trata.

# CONTE COMIGO NOTÍCIA

EDIÇÃO ESPECIAL: Esta é uma publicação da Palavra & Prece Editora e das Edições Loyola.

UMA LIÇÃO DE VIDA

## Pai perdoa homens que tiraram a vida de seu filho, de apenas oito anos

Ana Paula Bertolini

Em 1997, um caso surpreendente foi marcado pelo gesto de perdão. Os mais jovens talvez não se recordem, mas basta perguntar para os pais, professores e até mesmo irmãos mais velhos da história do pequeno Ives Yossiaki Ota.

No dia 29 de agosto, com apenas oito anos, ele foi seqüestrado por três homens em sua própria casa, na zona Leste de São Paulo. Em menos de 24 horas o menino acabou sendo morto porque conheceu um de seus seqüestradores – dois deles trabalhavam como segurança para a família.

*Personagem criado pelo Movimento, representando o menino Ives Ota.*

*"Perdoar é tirar o ódio de dentro de você. É não querer mais o mal da pessoa que fez o mal para você. Então, perdão é uma coisa e justiça é outra. A justiça tem de ser cumprida."*
(Massataka Ota)

Desesperado, o pai, Massataka Ota, chegou a pensar em dar o mesmo destino aos três. Porém, na data do julgamento decidiu deixar a arma e levar uma Bíblia para o tribunal.

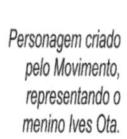

Ao invadir a sala onde estavam os acusados, Ota colocou o dedo no peito de cada um deles e pediu que o olhassem nos olhos. Para surpresa de todos, principalmente dos réus, ele disse aos assassinos de seu próprio filho que não desejava matá-los, mas sim, perdoá-los.

Assim nasceu o Movimento da Paz e Justiça Ives Ota, uma ONG que tem como principal objetivo levar às famílias das vítimas de violência a mensagem de que somente através do perdão é possível encontrar a verdadeira paz.

Saiba mais sobre o Movimento acessando: www.ivesota.org.br

## 2. QUEREMOS APRENDER!

Deus nos perdoa sempre. Antes mesmo de nos arrependermos e pedirmos perdão, Ele está a nossa espera para nos perdoar.

O pai de Ives entendeu bem a atitude de Deus. E vocês, são capazes de perdoar quando são ofendidos? Quando alguém lhes faz algum mal?

Se Deus nos perdoa será que temos o direito de negar o perdão a alguém que nos prejudicou?.

## 3. QUEREMOS ESCUTAR!

O que Jesus vai falar nos servirá de ensinamento para toda a nossa vida. Ouçamos!

## 4. HORA DE PENSAR E CONVERSAR...

*PERDOAR = 70 x 7*

*Texto Mt 18, 21-33*

Como vimos no encontro anterior perdoar é reconciliar-se. O perdão é prova de amor, de um amor tão grande que é capaz de ajudar as pessoas se tornarem melhores para si, para os outros e para o mundo.

Hoje Jesus nos fala de perdoar sempre. Sim! Sempre que necessário. Não devemos nos omitir diante de uma pessoa arrependida e que pede o nosso perdão. Também

## 6º ENCONTRO
## PERDOAR É NECESSÁRIO PARA SER FELIZ

não devemos nos envergonhar de pedir perdão pelas faltas que cometemos contra Deus e nossos irmãos.

Como Jesus disse: setenta vezes sete. Essa deve ser a medida do nosso perdão. Isso lhe parece muito?

É isso mesmo, setenta vezes sete equivale a sempre.

Por que Jesus quis dar essa lição aos seus discípulos?

Por que nós não podemos deixar de perdoar alguém?

Para completar o seu ensinamento, Jesus contou-lhes uma parábola. Ele usou o exemplo de um servo (empregado cruel).

Vamos comparar os versículos da parábola com a nossa vida:

v.23: O reino é lugar de justiça, de amor e perdão. Deus que é Pai vai cobrar de nós as nossas faltas, como um pai que nos corrige por amor.

v.24: Ele vai saber acolher com o mesmo amor os que tiverem poucas ou muitas faltas. Deus não deixa de perdoar os que estão arrependidos.

v.25: Na parábola o rei vai pedir muito ao empregado que não tinha como pagar sua dívida. Deus vai exigir de nós o que para nós pode parecer impossível, mas não é! Ele vai nos cobrar que sejamos pessoas do bem, capazes de semear o amor e a misericórdia em nossa casa, entre os nossos amigos, na comunidade ...

v.26: O empregado suplicou misericórdia ao rei. Nós também quando pedimos perdão de nossas faltas a Deus, insistimos com Ele, sabemos que pode nos perdoar porque nos ama.

v.27: O Rei usou de misericórdia, teve compaixão dele e perdoou a sua dívida. Quando arrependidos nos aproximamos de Deus e suplicamos o seu perdão. Ele nos concede essa graça: o seu perdão e seu amor.

v.28: Qual foi a atitude desse empregado ao encontrar um outro companheiro que lhe devia? Ele foi desonesto, cruel e impiedoso. Agrediu o amigo que lhe devia muito menos do que sua dívida para com o rei. Ele agarrou o homem pela garganta e exigiu o pagamento. Não podemos resolver os problemas com violência.

v.29: O mesmo aconteceu com o devedor. Ele pediu um prazo. É comum entre nós encontrar aqueles que querem sempre um pouco mais de tempo para acertar as contas, para refletir sobre o erro, para se arrepender e pedir perdão.

v.30: O servo cruel não atendeu ao pedido daquele homem e o lançou na prisão. Muitas vezes a gente sequer ouve as pessoas. Julgamos, evitamos de encontrá-las, não acolhemos seu pedido de desculpas, de perdão. Agindo assim lançamos o outro na prisão. Sim! Ele vai continuar sofrendo porque está arrependido, mas não consegue receber o nosso perdão.

v.31-33: As outras pessoas se indignaram ao ver a atitude dele. O senhor o chamou e cobrou dele um gesto de piedade diante da súplica. Se somos perdoados por Deus por que não perdoar os nossos irmãos? Se não nos perdoarmos uns aos outros a nossa dívida com Deus vai aumentando.

E agora? Depois de toda essa reflexão qual vai ser a nossa atitude daqui em diante?

Vocês ouviram bem: nós temos uma dívida com Deus. Qual é?

Com o ensinamento de Jesus aprendemos que a nossa dívida é o perdão. Aquele empregado cruel não devia somente ao rei, ele devia para si mesmo: lealdade, tolerância, bondade, amor e muito mais.

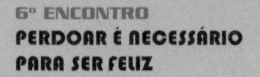

Como anda o nosso coração? Ele está se preparando para saber perdoar setenta vezes sete, isto é, sempre?

Para que isso aconteça o que não pode faltar em minha vida e em meu coração?

## 5. VAMOS REZAR?

Agora vamos colocar aos pés da cruz os corações que preparamos lembrando que Jesus é o grande semeador de amor e perdão.

## 6. NÃO DEVEMOS ESQUECER!

## 7. CONTE COMIGO!

Encontre as palavras abaixo e depois forme com elas frases de acordo com o encontro:

AMOR – ARREPENDIDO – BONDADE – DEUS – ERRO – IRMÃOS – MISERICÓRDIA – PECADOS – PERDÃO

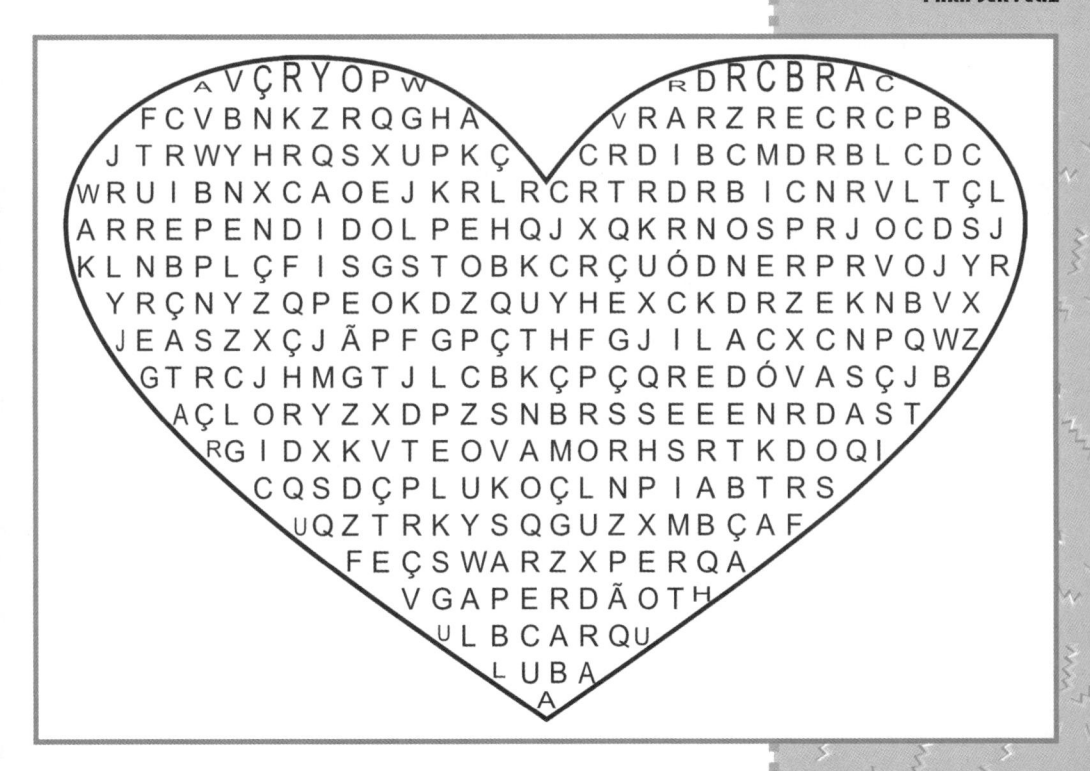

**6º ENCONTRO**
**PERDOAR É NECESSÁRIO PARA SER FELIZ**

```
        A V Ç R Y O P W              R D R C B R A C
      F C V B N K Z R Q G H A      V R A R Z R E C R C P B
      J T R W Y H R Q S X U P K Ç    C R D I B C M D R B L C D C
    W R U I B N X C A O E J K R L R C R T R D R B I C N R V L T Ç L
    A R R E P E N D I D O L P E H Q J X Q K R N O S P R J O C D S J
    K L N B P L Ç F I S G S T O B K C R Ç U Ó D N E R P R V O J Y R
    Y R Ç N Y Z Q P E O K D Z Q U Y H E X C K D R Z E K N B V X
      J E A S Z X Ç J Ã P F G P Ç T H F G J I L A C X C N P Q W Z
        G T R C J H M G T J L C B K Ç P Ç Q R E D Ó V A S Ç J B
        A Ç L O R Y Z X D P Z S N B R S S E E E N R D A S T
          R G I D X K V T E O V A M O R H S R T K D O Q I
            C Q S D Ç P L U K O Ç L N P I A B T R S
              U Q Z T R K Y S Q G U Z X M B Ç A F
                F E Ç S W A R Z X P E R Q A
                    V G A P E R D Ã O T H
                      U L B C A R Q U
                        L U B A
                          A
```

VAMOS PERDOAR SEMPRE.
TEMOS UM COMPROMISSO: ENSINAR
AS PESSOAS QUE O PERDÃO É UM DOS
MAIORES PRESENTES QUE DEUS NOS DÁ
ATRAVÉS DE JESUS.

## 7º ENCONTRO
## MINHA VIDA É PARTILHA E ESPERANÇA

Somos mais irmãos quando partilhamos com amor.

## 7º ENCONTRO
## MINHA VIDA É PARTILHA E ESPERANÇA

## 1. ESTAMOS AQUI!

Dinâmica da bala

## 2. QUEREMOS APRENDER!

Iniciamos o nosso encontro distribuindo balas para vocês. Todos receberam?

O que aconteceu depois?

## 3. QUEREMOS ESCUTAR!

Jesus nos ensina que o caminho para uma vida repleta de esperança e alegria vem através da partilha. Ouçamos:

Texto
Jo 6,1-13

## 4. HORA DE PENSAR E CONVERSAR...

Quantas vezes somos levados a partilhar o que temos com outras pessoas? Certamente pensamos: "Por que eu tenho que dar ao outro parte do que é meu?" Ou ainda: "Será que sempre eu tenho que dividir as minhas coisas com ou outros?" Isso mesmo! Por muitas vezes vamos ter que partilhar o que temos. Isso é um dever cristão, especialmente quando repartirmos com quem necessita da nossa ajuda, nossa caridade.

Jesus olhou para aquele povo e viu que todos estavam esperando sua ajuda. Muitos foram para escutar sua palavra e seus ensinamentos. Mas outros estavam olhando para ele com a esperança de serem atendidos em suas próprias necessidades.

Jesus quis alimentar aquela multidão e ao mesmo tempo fazer os seus discípulos se organizarem para uma verdadeira experiência de amor e partilha. O que Ele queria era ensinar o seu povo a ser mais solidário, mais fraterno uns com os outros.

Filipe era um dos discípulos de Jesus que ao ver a necessidade logo apresentou uma dificuldade: *"Nem meio ano de salário bastaria para dar um pedaço para cada um"* (Jo 6,7).

Para comprar uma quantidade de pão que alimentasse tanta gente seria preciso gastar muito dinheiro. Ele pensava como muitos pensam na hora de ajudar. Até hoje muitas pessoas não pensam no bem que fazem, mas no valor que gastarão.

Quem de vocês já presenciou alguém ajudando outra pessoa com alimentos, roupas ou compra de remédios?

O que vocês sentiram?

Quando alguém nos pede ajuda, quais são as nossas maiores preocupações?

André era um outro discípulo de Jesus que atento ao que estava acontecendo, apresentou uma sugestão: *"Aqui há um rapaz que tem cinco pães de cevada e dois peixes"* (Jo 6,9).

Mas o que era isso para tanta gente? Essa era a preocupação de todos!

Jesus ao ver o pouco que tinha para ser partilhado e a alternativa apresentada por André, logo tomou a iniciativa de ensinar a todos que o pão pode saciar a fome quando é partilhado com amor. Ele realizou o milagre da multiplicação dos pães, mas antes de distribuir os pães, agradeceu a Deus Pai por aquele momento e por aqueles pães.

Assim nos ensina que tudo o que temos vem de Deus e é a Ele que devemos agradecer quando temos e podemos repartir.

## 7º ENCONTRO
### MINHA VIDA É PARTILHA E ESPERANÇA

> "TU ÉS O MEU DEUS, EU TE AGRADEÇO.
> MEU DEUS, EU TE EXALTO!
> AGRADEÇAM A JAVÉ, PORQUE ELE É BOM,
> PORQUE O SEU AMOR É PARA SEMPRE!"
> (Sl 117,28-29)

Ele não deixa faltar nada ao seu povo, mas nós é que temos que tomar a iniciativa de partilhar com amor o que recebemos de sua bondade.

O milagre da multiplicação dos pães serviu para todos testemunharem o milagre do amor que Jesus fez acontecer no coração de muitos. Muitas pessoas foram tocadas por esse sinal e entenderam que a vida para ser vivida plenamente precisa ser como o pão que sacia a fome e se renova nos pedaços que sobram para semear esperança e tornar possível um mundo melhor.

Hoje o milagre acontece quando colaboramos com Jesus amando mais as pessoas, sendo solidário com elas, partilhando o pouco que temos com os mais necessitados, dando uma palavra de esperança aos que sofrem.

Jesus se faz presente na vida da comunidade e entre as pessoas que semeiam a paz e o bem. É Ele mesmo quem oferece os cinco pães e os dois peixes para cada um de nós e nos ensina a olhar para as pessoas e perceber suas necessidades.

Jesus nos anima na busca de uma vida mais solidária... na partilha do pão e do próprio coração.

## 5. VAMOS REZAR?

Faça, Senhor, que nossa Comunidade seja constante sinal de partilha e fraternidade. A todo momento eu vejo pessoas que necessitam de roupas, saúde, alimento... Desperte também em nós a alegria de partilhar um pouco do que temos com aqueles irmãos que precisam de nós. Que possamos contribuir com amor e em comunhão com o senhor. Amém!

## 6. NÃO DEVEMOS ESQUECER!

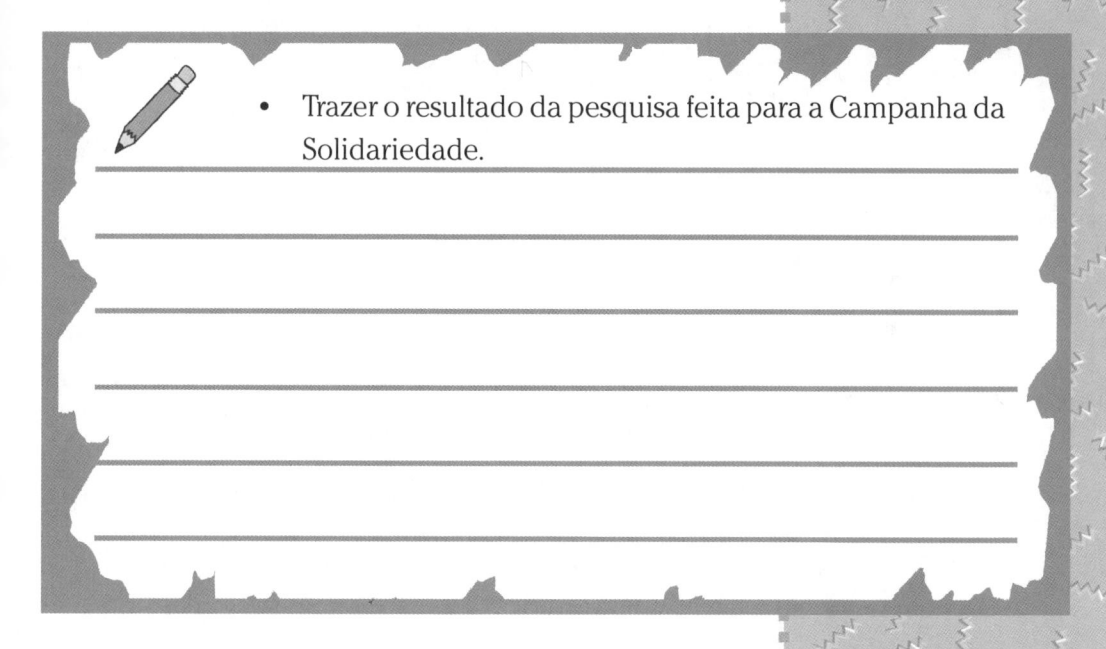

- Trazer o resultado da pesquisa feita para a Campanha da Solidariedade.

## 7. CONTE COMIGO!

1. Jogo dos sete erros.

Compare os desenhos e encontre 7 erros que os diferem:

2. Escreva um bilhete para o rapaz do texto do Evangelho:

---

VAMOS PARTILHAR A ESPERANÇA DE UM MUNDO MELHOR.
PROCURE SABER QUAIS PESSOAS PRECISAM DE NOSSA AJUDA. EM BREVE FAREMOS UMA CAMPANHA DA SOLIDARIEDADE.

# 8º ENCONTRO
# JESUS É O PÃO DA VIDA – AMOR E DOAÇÃO

Jesus é o
"Pão da Vida".

8º ENCONTRO
JESUS É O PÃO DA VIDA –
AMOR E DOAÇÃO

# I. ESTAMOS AQUI!

Todos nós sabemos que se alimentar corretamente é muito importante, já que o resultado de uma boa alimentação está relacionado diretamente à saúde e ao bem-estar da pessoa. Uma boa alimentação pede um cardápio equilibrado constituído de alimentos que nos dão energia (carboidratos) como pão, macarrão e batata; alimentos que nos fazem crescer (proteínas) como carne de vaca ou frango, leite, feijão, ovos, queijo e peixe, alimentos que controlam as defesas do nosso corpo como frutas, legumes e verduras e evitando em excesso doces e gorduras.

Uma boa alimentação colabora na construção de uma vida saudável. Há um alimento comum a todos os povos, sempre presente também na nossa mesa.

Vocês conhecem a história do pão?

Vamos conhecê-la!

Há mais ou menos 6 mil anos os egípcios descobriram a possível fermentação do trigo, descobrindo, desta forma, o pão. Rapidamente aprimoraram as receitas e, modificando-as, criaram diferentes formas, sabores e usos.

Desde a sua descoberta até hoje, o pão sempre esteve ligado à vida do homem tanto como alimento quanto como símbolo econômico, político, religioso, artístico e cultural.

No Egito, o pão era o alimento básico. Os pães preparados com trigo de qualidade superior eram destinados apenas aos ricos. Durante séculos, os celeiros eram de propriedade dos governantes, que mantinham domínio dos cereais e do pão. Os faraós tinham sua própria padaria, a padaria real. Os celeiros também pertenciam aos faraós. Os egípcios se dedicavam tanto ao pão que eram conhecidos como "comedores de pão". Os fornos, naquela época, às vezes ocupavam uma área do tamanho de um campo de futebol.

Mas o pão para os egípcios era muito mais importante. Com o pão também se pagavam os salários.

Fonte: HTTP://www.abip.org.br/historiadopao.asp

## 2. QUEREMOS APRENDER!

Nós, homens e mulheres, nós, filhos e filhas de Deus, não somos formados só de corpo. Do que mais somos formados?

Somos formados de corpo, alma e espírito.

Já sabemos que o corpo precisa ser alimentado de maneira correta para termos saúde e bem-estar. E nossa alma e o nosso espírito, será que precisam de alimento?

Qual é o alimento que precisam?

**8º ENCONTRO**
**JESUS É O PÃO DA VIDA – AMOR E DOAÇÃO**

Texto
Jo 6,51.56-57

## 3. QUEREMOS ESCUTAR!

Vamos ficar atentos à leitura do Evangelho para descobrirmos que alimento é este.

## 4. HORA DE PENSAR E CONVERSAR...

Jesus nos fala de um alimento que dura para sempre: "Quem comer viverá eternamente" (cf. Jo 6,51). Ele fala de um alimento que vem dos céus, ou seja, que vem de Deus. Este alimento é o próprio Jesus: "Pão da Vida".

Hoje vamos aprender que para uma vida saudável e repleta de muita alegria e paz é necessário participar da mesa com Jesus que se apresenta como o "Pão da Vida".

É necessário estar em comunhão com Ele para receber o Pão como alimento que nos faz permanecer unidos como seus discípulos. Pão que é alimento para a alma e o espírito.

O "Pão da Vida" é mais que um simples pão;
Ele é comunhão;
Ele é vida que vem de Deus;
Ele é certeza do amor e da fidelidade de Jesus;
Ele é força que nos vem pelo Espírito de Deus.
Tudo isso porque:

> O PÃO DA VIDA, QUE É JESUS, SACIA A NOSSA FOME.

Jesus veio saciar a fome de seu povo, a nossa fome! Não só a fome de pão, mas também a fome de justiça, de alegria plena, de saúde do corpo e da alma, de vida digna como merecem os filhos e filhas de Deus.

Certo dia Jesus, durante uma refeição tomou em suas mãos o pão, abençoou-o, partiu-o e o deu aos seus discípulos, dizendo: "Tomai e comei, isto é o meu corpo". Logo depois, tomou o cálice, agradeceu e deu aos discípulos, dizendo: "Bebam dele todos, pois isto é o meu sangue, o sangue da aliança que é derramado em favor de muitos" (cf. Mt 26,26-27), instituindo, assim, a Eucaristia.

Era festa da Páscoa e Ele quis oferecer aos discípulos o seu amor tão grande, dizendo que o seu corpo é o pão que alimenta.

Quando e onde, ouvimos as palavras ditas por Jesus na refeição em que instituiu a Eucaristia?

Hoje, se repetem as mesmas palavras e gesto na Eucaristia que celebramos: A Santa Missa.

> A EUCARISTIA É JESUS. ELE SE OFERECE A NÓS TODOS EM COMUNHÃO NO PÃO VIVO OFERECIDO POR DEUS PAI.

Ele dá a sua própria carne como comida e o seu próprio sangue como bebida. Quem se alimenta desse pão vai viver em comunhão com ele. Quem vive em comunhão com Jesus está convocado a fazer comunhão com a comunidade.

> JESUS REALIZA O GESTO DE AMOR-DOAÇÃO NA PARTILHA DO PÃO.

O pão da vida, que é Jesus, precisa ser partilhado com todos. É pão para todos, "para que todos tenham vida" (cf. Jo 10,10). É o pão da unidade.

É por isso que quando vamos ao encontro de Jesus na Eucaristia encontramos força para continuar a nossa missão, pois Jesus é fonte permanente de esperança, vida e misericórdia.

O que pode fazer, para o bem da comunidade e do mundo, quem recebe Jesus na Eucaristia?

Quando recebemos Jesus na Eucaristia nos comprometemos com o seu Reino e a sua justiça. Nos identificamos com o seu projeto de vida e liberdade.

## 5. VAMOS REZAR?

*Senhor, vós que sois o verdadeiro Pão do Céu, alimento que permanece até a vida eterna, ajude-nos a crescer no espírito e na prática de oração, da partilha, do serviço e da comunhão convosco, com nossos pastores e com todos os nossos irmãos, especialmente os mais pobres. Amém!*

**Em casa, rezar com a família antes de uma refeição:**

*Jesus, Pão da vida, alimento e força na caminhada da Igreja, eu o louvo e agradeço por seu grande amor por nós. Jesus, estou me preparando para recebê-lo, mas, desde já quero recebê-lo espiritualmente no meu coração e me comprometer em viver bem juntinho de você. Pois só assim, conseguirei corresponder ao seu chamado. Amém.*

**8º ENCONTRO
JESUS É O PÃO DA VIDA –
AMOR E DOAÇÃO**

## 6. NÃO DEVEMOS ESQUECER!

## 7. CONTE COMIGO!

Complete as frases abaixo com as palavras encontradas no pão. Lembre-se que todas devem ser usadas uma única vez, de modo que não se repetem:

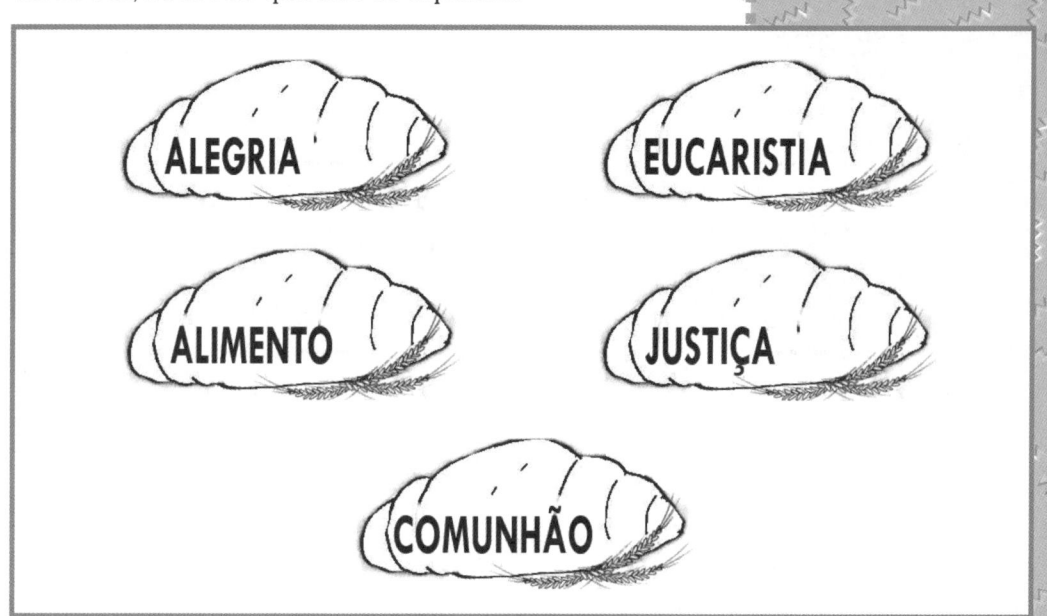

- ALEGRIA
- EUCARISTIA
- ALIMENTO
- JUSTIÇA
- COMUNHÃO

63

**8º ENCONTRO**
**JESUS É O PÃO DA VIDA – AMOR E DOAÇÃO**

– Jesus se oferece por nós na _____.

– Jesus é o _____ que dura para sempre.

– Jesus sacia nossa fome de _____, _____.

– A _____ é Jesus.

> VAMOS APROVEITAR A OPORTUNIDADE QUE TEMOS PARA PARTICIPAR DA SANTA MISSA E FAZER, NO MOMENTO EM QUE AS PESSOAS RECEBEM A EUCARISTIA, UM AGRADECIMENTO A DEUS PAI POR TERMOS JESUS, O PÃO DA VIDA.

# 9º ENCONTRO
# A SOLIDARIEDADE QUE BROTA DO AMOR

Se soubermos amar participaremos da Comunidade de Jesus com alegria.

**9º ENCONTRO**
**A SOLIDARIEDADE QUE BROTA DO AMOR**

## 1. ESTAMOS AQUI!

Vamos iniciar o nosso encontro cantando ou rezando com atenção:

Música: "Eu vos dou um novo mandamento" (Novo Mandamento) – Jo 13,34 – Sl 119 (118), 1 Hinário Litúrgico CNBB, 2º fascículo: Quaresma, Semana Santa, Páscoa Pentecostes.

"Eu vos dou um novo mandamento: 'Que vos ameis uns aos outros, assim como eu vos amei', diz o Senhor.
'Que vos ameis uns aos outros, assim como eu vos amei', diz o Senhor".

### 2. Queremos aprender!

Já sabemos que Deus nos deu os seus mandamentos como orientações para garantir uma vida segura e feliz para nós e para a nossa comunidade.

Quais são eles?

A música com a qual iniciamos o encontro fala de quê?

O que será que Jesus quer dizer com: "Um novo mandamento"?

## 3. QUEREMOS ESCUTAR!

A palavra de Deus abre o nosso coração para o amor. Sua vontade é que todos acolham a solidariedade que brota do amor. Ouçamos!

**Texto**

Jo 13,34-35;
15,12-14

## 4. HORA DE PENSAR E CONVERSAR...

Jesus nos fala de um Novo Mandamento. É novo porque Ele o apresenta como uma grande novidade que

# 9º ENCONTRO
## A SOLIDARIEDADE QUE BROTA DO AMOR

supera todos os mandamentos. Amar significa acolher, comprometer-se, querer o bem e ser solidário com as pessoas. Jesus fala do amor como mandamento novo porque assim Ele quer renovar a comunhão com o Pai através do amor vivido entre nós. Deus e o homem são inseparáveis pela prática do amor.

No último encontro falávamos de Jesus, o Pão da Vida que sacia a nossa fome. A Eucaristia é o alimento que nos fortalece e nos faz participantes da vida de Jesus, presente na comunidade de fé.

Para fazer parte da comunidade é necessário dar sinal de comunhão com as pessoas. Jesus partilhou o pão para fazer comunhão com seus discípulos. Hoje Ele espera que a comunidade participe de sua vida fazendo uma verdadeira e profunda experiência de comunhão, comungando suas palavras, seus ensinamentos, seus gestos, atitudes; comungando as necessidades e expectativas da comunidade, bem como suas dores e dificuldades.

Ouçamos essa pequena história:

## 9º ENCONTRO
## A SOLIDARIEDADE QUE BROTA DO AMOR

*"Numa pequena aldeia faltava tudo!*

*As pessoas passavam fome, sede e quase sem força para caçar e plantar buscavam forças no trabalho coletivo. Eles se ajudavam no trabalho e tudo o que conseguiam era dividido com todos.*

*Certo dia, um homem cansado de trabalhar e de esperar a sua parte da comida, resolveu se isolar. Ele se afastou do grupo e começou a plantar algumas sementes num pequeno pedaço de terra, só para ele.*

*Todos ficaram admirados com aquela atitude, mas a respeitaram.*

*Ele não conseguia caçar por causa de sua fraqueza. Sozinho e preocupado com a sua vida, ele ouvia ao longe os cantos e os gritos de alegria quando o povo da aldeia se reunia para dividir os alimentos.*

*Muito tempo se passou e ele foi ficando cada vez mais fraco.*

*Um ancião da aldeia, em dia de festa, aproximou-se daquele homem e disse: "Já tentamos fazer você voltar para a nossa casa e você nunca nos escutou. Até quando você vai insistir em ficar sozinho? Você vai morrer de fome. Venha com a gente! Lá você vai poder se alimentar melhor e receber muito mais do que comida".*

*O velho se afastou e deixou o homem refletindo suas palavras.*

*Na manhã seguinte, o homem resolveu voltar, apresentou-se aos líderes e se ofereceu para o trabalho. O dia passou muito rápido e à tardinha todos se reuniram para a refeição. Eles fizeram festa para ele e deram-lhe até alguns presentes para animá-lo.*

*Era uma conquista para aquele povo, eles resgataram o homem que estava sozinho, isolado, afastado e sofrendo. Numa determinada hora, um dos líderes disse: "Hoje a nossa comida vai ter um outro gosto. Vai ter gosto de alegria, de saudade, de amizade. O nosso irmão está aqui para comer com a gente. Se ele vem a nós e oferece as*

# 9º ENCONTRO
## A SOLIDARIEDADE QUE BROTA DO AMOR

suas mãos para o trabalho, a comida não vai faltar. Com as suas mãos e as nossas teremos mais para partilhar".

Ele estava ainda falando quando um vento muito forte invadiu a aldeia e o frio foi ficando cada vez mais intenso. Imediatamente todos foram se aproximando uns dos outros e se deram um grande abraço. Era um abraço acolhedor capaz de proteger a todos do frio. Foi nesse instante que o homem se lembrou das palavras do velho ancião: "Lá você vai poder se alimentar melhor e receber muito mais do que comida".

Assim ele aprendeu que longe de todos ele até podia viver sozinho, trabalhar, comer. mas abraçar alguém e receber um abraço com amor era impossível".

Na Eucaristia, Jesus vem nos abraçar com o seu amor. Ele mesmo nos ensinou: "Amai-vos uns aos outros". Fazer comunhão com Ele é viver o seu amor e dar testemunho desse amor ao mundo.

Como ouvimos no Evangelho, Jesus fala aos discípulos e a nós – ele nos chama de amigos, pois os amigos podem se conhecer de verdade. Ele diz que nos escolheu e espera de nós esse compromisso: produzir um fruto que permaneça – O amor. Ele pede que sejamos fiéis e perseverantes no cumprimento de seu novo mandamento: amar as pessoas.

Como podemos amar as pessoas?

Quais são as dificuldades que encontramos para viver um amor sincero como pede Jesus?

Por tudo isso, vamos dizer a Jesus que acolhemos o seu mandamento e nos comprometemos com a sua esperança: vamos amar ainda mais as pessoas.

Vamos nos esforçar para gravar em nossa mente e em nosso coração o desejo de um mundo mais humano e capaz de amar. Vamos ajudar as pessoas a serem mais pacientes umas com as outras e mais generosas.

**9º ENCONTRO**
**A SOLIDARIEDADE QUE BROTA DO AMOR**

## 5. VAMOS REZAR?

*Jesus eu quero rezar todos os dias, porque através da oração eu posso declarar o meu amor e minha fé em você. Que o mandamento do amor seja um compromisso constante em minha vida. Amém.*

## 6. NÃO DEVEMOS ESQUECER!

## 7. CONTE COMIGO!

Escreva nos corações palavras que Jesus falou hoje para você:

**9º ENCONTRO
A SOLIDARIEDADE QUE BROTA DO AMOR**

VAMOS PARTICIPAR DA CAMPANHA DE SOLIDARIEDADE, TRAZENDO NO PRÓXIMO ENCONTRO, A NOSSA COLABORAÇÃO: ROUPAS, ALIMENTOS OU BRINQUEDOS.

## 10º ENCONTRO
## QUERO SER MAIS SOLIDÁRIO

Jesus nos ensina a amar como Ele amou.

## 1. ESTAMOS AQUI!

Havia uma rixa muito grande entre os alunos do Colégio "Universo Estudantil" e o Colégio "Educação do Futuro". Lucas era estudante do "Universo Estudantil"; Cláudio, Raquel e Carlos do "Educação do Futuro". Todos foram classificados para a etapa final da Olimpíada de Matemática promovida pela Secretaria da Educação. No dia da prova, todos os classificados, esperavam a hora de entrar nas salas quando Cláudio percebeu que havia deixado no carro de seu pai o estojo com tudo o que era necessário para resolver as questões da prova.

Cláudio procurou Raquel e Carlos e pediu-lhes emprestado o que precisava. Mesmo tendo o material necessário para emprestar e sendo alunos do mesmo colégio, eles não o fizeram, pois assim pensaram: estariam eliminando um dos mais forte concorrentes. Lucas percebeu o que estava ocorrendo, chamou Cláudio e emprestou-lhe o que ele precisava e ainda conseguiu acalmá-lo para que pudesse realizar a prova com tranqüilidade.

## 2. QUEREMOS APRENDER!

O que vocês acham das atitudes dos personagens desta história?

Muitas vezes agimos como Raquel e Carlos, colocando os nossos interesses acima de todas as outras coisas. Para os que assumem e anunciam o Reino de Deus não pode ser assim.

## 3. QUEREMOS ESCUTAR!

Jesus vai nos ensinar que o amor é prática concreta. Vamos ouvir o que Ele vai falar.

**Texto**
Lc 10,25-37

## 4. HORA DE PENSAR E CONVERSAR...

Quantas vezes a gente teve que dar testemunho de amor às pessoas e não conseguimos. É claro que por vezes não ajudamos as pessoas porque não podemos no momento, pelos mais diversos motivos. Outras vezes nos omitimos. Nos omitimos por vergonha, por preconceito, por falta de coragem, por mágoas do passado, por pré-julgar a necessidade real da pessoa, porque não nos sentimos próximos a elas.

No Evangelho, Jesus fala de amor ao próximo. Quem é meu próximo?

A parábola de hoje contada por Jesus fala do bom samaritano.

Na história do bom samaritano, as pessoas não são identificadas pelos nomes, mas apresentadas por aquilo que representavam para os judeus. O homem que caiu nas mãos de assaltantes é um anônimo: talvez um homem sem destino, um andarilho, um viajante, ou até mesmo um desempregado em busca de trabalho...

Era com certeza alguém carente, desprotegido, jogado à beira do caminho, caído e ferido.

Aparecem, então, pessoas que poderiam ajudar o pobre homem caído na estrada. Eles traziam nas mãos a solução do problema, ser solidário com um irmão. Mas o que fizeram? Nada!

Primeiro foi um sacerdote: *"Por acaso um sacerdote estava descendo por aquele caminho; quando viu o homem, passou mais adiante, pelo outro lado"* (v.31).

Por que será que o sacerdote não parou para ajudá-lo? O Evangelho nos fala que o sacerdote passou para o outro lado, "mudou de calçada", tentando ignorar aquela situação. Ele não quis se envolver nem se incomodar, ou seja, se comprometer com o pobre homem miserável. Ele não soube amar!

A gente pode até pensar: Quem sabe ele estava cansado de tanto trabalhar, estava atrasado para outro compromisso, queria voltar logo para casa e descansar. Na verdade ele não quis saber o que estava acontecendo.

Em seguida, veio um levita: *"Chegou ao lugar, viu, e passou adiante, pelo outro lado"* (v.32).

Tanto o sacerdote como o levita viram o homem caído e observaram de longe, ninguém se preocupou. Até poderia ser um parente ou um amigo. Não, isso não! Logo eles correriam se fosse para atender um conhecido. O homem caído era um estranho que não merecia atenção no pensamento deles.

Mas a história continua e um samaritano, um estranho, um estrangeiro viu o homem caído e se aproximou dele para ajudá-lo.

Os samaritanos, para os judeus, eram inimigos. O povo judeu considerava os samaritanos desprezíveis e o ódio era recíproco.

Mas o impossível acontece! Jesus apresenta a solução do problema com a atitude de um samaritano!

O samaritano teve compaixão do pobre homem: *"Aproximou-se dele e fez curativos, derramando óleo e vinho nas feridas"* (v.34). O samaritano toca no homem quase morto e trata suas feridas. Gesto solidário, acolhedor, misericordioso. *"Depois colocou o homem em seu próprio animal, e o levou a uma pensão, onde cuidou dele"* (v.34). Ele não só cuida das feridas, mas carrega o homem em seu próprio animal; oferece lugar para um judeu que sofre ao seu lado.

O Evangelho nos fala de solidariedade como prova concreta de amor pelas pessoas que encontramos em nosso caminho.

Tudo começou quando um homem muito inteligente, conhecedor da palavra de Deus, um especialista em leis, se aproximou de Jesus para saber o que ele devia fazer para receber por herança a vida eterna. Para se receber um prêmio é necessário se tornar merecedor dele. Para participar do Reino de Deus, receber a vida eterna, não é diferente! A gente tem que fazer por merecer o grande presente que Deus, nosso Pai, nos oferece através de Jesus – Caminho, Verdade e Vida.

**10º ENCONTRO**
**QUERO SER MAIS SOLIDÁRIO**

Não basta dizer eu quero! É importante se esforçar para não se desviar do caminho, não "mudar de calçada" quando vemos alguém que precisa de nós.

Vamos falar um pouquinho da nossa tentação de "mudar de calçada" como fizeram as pessoas da parábola.

Mudar de calçada é:
- Fechar os olhos para o sofrimento do outro;
- Desviar o olhar quando alguém fala de seus problemas;
- Fechar os ouvidos para a súplica, os pedidos de tantos irmãos e irmãs que passam fome;
- Tornar-se insensível à injustiça, a guerra, a miséria...

O que mais podemos acrescentar a esta lista?

Jesus nos ensina a viver uma vida mais fraterna. A união das pessoas para o bem pode transformar o mundo. Com a parábola do Bom Samaritano, Jesus traz uma resposta às nossas dúvidas e uma proposta de ação para a vida.

Qual é a dúvida? Quem é meu próximo?
Qual é a proposta? Amar e servir as pessoas como a si mesmo.
Quem é o nosso próximo? O Evangelho nos sugere o seguinte entendimento:

1. O próximo é aquele que eu encontro na vida e que espera de mim uma resposta às suas necessidades. Nem sempre a ajuda que devemos dar é material: roupa, comida, brinquedos, remédios, casa, trabalho,... Pode ser também um conselho, uma palavra amiga, um abraço fraterno, uma visita, ou simplesmente um olhar, um sorriso...

*ler novamente*
Lc 10,30

**Ler novamente**
Lc 10,36-37

2. O próximo é aquele que me ajuda quando tenho alguma necessidade.

Jesus se refere ao samaritano como aquele que se tornou próximo do homem que caiu nas mãos dos assaltantes. Próximo é quem ajuda também! Porque se aproxima e serve com amor.

Vejam! A pergunta inicial era essa: Quem é o meu próximo? Jesus ao contar a parábola inverte a pergunta: O que você faz para se tornar próximo do outro? Como nós daríamos essa resposta a Jesus?

O Samaritano não questionou o homem ferido, não investigou sua vida, não suspeitou, apenas se colocou a serviço através da ajuda. Ele soube amar! Ele foi misericordioso; não julgou nem procurou interesses pessoais. Foi paciente e companheiro. Ele se esqueceu das diferenças entre judeus e samaritanos. Não se sentiu superior ao ajudar. Simplesmente nos deu uma lição: O amor é dom de Deus!

## 5. VAMOS REZAR?

*Vamos rezar juntos:*
*Ensina-me, Jesus, a estar sempre atento às necessidades das pessoas ao meu redor, procurando agir como um bom samaritano, mesmo que nas pequenas atitudes. Amém.*

10º ENCONTRO
QUERO SER MAIS SOLIDÁRIO

## 6. NÃO DEVEMOS ESQUECER

- Recolher a colaboração para a Campanha da Solidariedade.

_____
_____
_____
_____
_____

## 7. CONTE COMIGO!

Faça um X nas situações em que o menino ou a menina foi o próximo do outro.

SE EU NÃO ESTIVESSE ATRASADO, PODERIA AJUDAR AQUELA MENINA...

79

**10º ENCONTRO**
**QUERO SER MAIS SOLIDÁRIO**

NÃO FIQUE TRISTE! PODE PEGAR A MINHA BOLA!

CHEGAREI ATRASADO NA CATEQUESE, MAS IREI AJUDÁ-LA...

QUE PENA... SE O CONHECESSE PODERIA AJUDÁ-LO...

VAMOS NOS ESFORÇAR PARA AGIR COMO O BOM SAMARITANO DO EVANGELHO.

## 11º ENCONTRO
# A FÉ QUE ME FAZ CONFIAR EM DEUS PAI

Deus nos ama e o seu amor nos revela o que Ele quer ser para nós.

**11º ENCONTRO**
**A FÉ QUE ME FAZ CONFIAR EM DEUS PAI**

## 1. ESTAMOS AQUI!

"Vinícius queria muito um mp3. Conversando com seus colegas de escola ficou sabendo que Júnior estava vendendo o seu pois ganhara um novo no seu aniversário.

À noite, em casa, Vinícius procurou seu pai para contar a novidade: iria comprar o mp3 do Júnior.

Seu pai aconselhou-o a pensar bem no compromisso que iria assumir. Teria condições de cumpri-lo? Como arranjaria o dinheiro para tal compra?

Vinícius não pensou muito, com a mesada que recebia do seu pai e alguns "trocados" que ganhava com a venda do material reciclado que recolhia na vizinhança iria pagar a aparelho e empolgado fechou o negócio.

Só que Vinícius não contava com os imprevistos. Na semana seguinte sua escola iniciou uma campanha para arrecadar materiais reciclados e assim Vinícius ficou sem seus "trocados" porque muitos de seus vizinhos tinham filhos naquela escola.

E agora, como faria para pagar Júnior?

Arrependido por não ter ouvido a orientação de seu pai, mas sabendo o quão compreensivo e bom, ele era resolveu pedir perdão e prometeu nunca mais deixar de escutar os seus conselhos. Seu pai o acolheu com carinho e ainda o ajudou a pagar a dívida com Júnior, descontando o valor adiantado, um pouco por mês, de sua mesada.

## 2. QUEREMOS APRENDER!

Muitas vezes fazemos as coisas sem medir as conseqüências e sem dar atenção aos conselhos dos pais.

Já aconteceu isso com vocês? Como foi?

Na nossa vida espiritual também agimos assim não ouvindo os conselhos de Deus Pai, transmitidos por Jesus. Então, arrependidos, mas confiantes na sua bondade, pedimos a Deus que nos perdoe e cuide de nós.

11º ENCONTRO
A FÉ QUE ME FAZ
CONFIAR EM DEUS PAI

## 3. QUEREMOS ESCUTAR!

Jesus reuniu os seus discípulos para ensiná-los a rezar. Vamos ouvir a oração ensinada por Ele e que hoje rezamos com muito amor e esperança.

Texto
Lc 11,1-4

## 4. HORA DE PENSAR E CONVERSAR...

Jesus não se cansava em dizer que Deus nos ama, que seu amor é sem fim! Deus nos ama tanto que o podemos chamar de Pai, que podemos falar com Ele todos os dias. Podemos escutar sua voz e saber o que Ele espera de cada um de nós. O seu amor nos revela o que Ele quer ser para nós: um Pai zeloso e cheio de bondade. Ele cuida de nós, nos dá a vida, o dia, a luz, o sol, a chuva que rega a terra, as plantas e seus frutos, os pássaros que cantam uma bela sinfonia de louvor ao Criador. Ele nos alimenta com o pão-alimento que recebemos todos os dias, mas também com sua esperança, força, graça e perdão.

Como já aprendemos, pelo Batismo começamos a pertencer à família de Deus. Toda família se organiza e cresce vivendo a alegria do amor. Uma família feliz busca a felicidade de todos, pais e filhos. Uma família de fé reza a Deus todos os dias.

A oração mais conhecida dos cristãos no mundo inteiro é a oração que o próprio Jesus nos ensinou. Primeiro Ele falou aos discípulos e estes comunicaram aos primeiros cristãos as palavras de Jesus. Hoje podemos rezar como comunidade reunida ao redor do Filho de Deus Pai.

Quem de nossa família nos ensinou a rezar a oração do Pai Nosso?

Quando rezamos a oração do Pai Nosso estamos nos unindo como irmãos e caminhamos para dentro do coração de Deus sem deixar de percorrer a linda estrada da vida que nos leva ao coração do mundo.

## 11º ENCONTRO
## A FÉ QUE ME FAZ CONFIAR EM DEUS PAI

Somos convidados a louvar a Deus por seu amor, por sua bondade, por sua presença que é para nós motivo de alegria.

Somos convidados a celebrar em seus braços de Pai a festa da família de Deus. Isso mesmo, festa da família de Deus, porque quando rezamos esta linda oração falamos ao Pai e pedimos por nossos irmãos, os de nossa casa, nossos amigos, os irmãos de perto e de longe, conhecidos e anônimos.

Em que momentos rezamos a oração do Pai Nosso?

- Quando estamos alegres rezamos o Pai Nosso agradecendo por tudo que temos e conquistamos; por tudo que somos e podemos fazer. Pelo bem e pela vida;
- Quando estamos tristes rezamos esperando que Ele nos ajude, nos anime e nos motive para continuarmos caminhando;
- Quando estamos preocupados rezamos para que Deus nos ajude nas decisões e opções que devemos fazer na vida.

O que dizemos, quando rezamos o Pai Nosso:

**PAI NOSSO** – Deus é o nosso Pai, o Pai de todos nós. Ele não é exclusivamente meu Pai.

**QUE ESTAIS NOS CÉUS** – Ele está no seu lugar e aqui entre nós. Ele é Deus Santo, Deus Forte que vê a todos e está ao lado de todos a todo tempo.

**SANTIFICADO SEJA O VOSSO NOME** – Nós devemos louvar sempre a Deus porque Ele fez todas as coisas com amor e por tudo merece todo o nosso louvor, hoje e sempre.

**VENHA A NÓS O VOSSO REINO** – Nós queremos que o seu Reino venha a nós. Reino de justiça e de verdade. Reino de vida e de paz. Reino-casa de irmãos.

**SEJA FEITA A VOSSA VONTADE, ASSIM NA TERRA COMO NO CÉU** – Devemos esperar que Deus faça sempre acontecer a sua vontade porque Ele sabe o que é melhor para nós.

**O PÃO NOSSO DE CADA DIA NOS DAI HOJE** – Quando pedimos ao Pai o pão de cada dia revelamos a nossa fé em sua providência. Ele nos dá o que necessitamos para hoje e tudo o que pode nos ajudar a crescer e ser feliz.

**PERDOAI-NOS AS NOSSAS OFENSAS** – Deus que é rico em amor e misericórdia pode nos perdoar. Pode cuidar de nós, curar nossas dores, arrancar de dentro de nós a maldade quando ela nos ameaça.

**ASSIM COMO NÓS PERDOAMOS A QUEM NOS TEM OFENDIDO** – Também nós devemos perdoar a quem nos faz mal. Assim como Deus nos perdoa, devemos ajudar as pessoas para que elas caminhem apoiadas pelas mãos de Deus e com o nosso perdão.

**E NÃO NOS DEIXEIS CAIR EM TENTAÇÃO, MAS LIVRAI-NOS DO MAL** – Devemos ficar atentos para não tentar viver sem contar com a presença e a graça de Deus. Devemos cuidar para não deixar que o mal tome conta do nosso coração, fazendo com que a nossa vida fique mais triste, sem alegria. Às vezes, nós até fazemos o mal, mas Deus pode ajudar-nos com o seu amor e seu perdão.

## 5. VAMOS REZAR?

**Todos:** Pai do céu, eu te louvo pelo imenso amor que tens por mim. Sua presença em minha vida é motivo de alegria. Aumente a minha fé, para que eu confie sempre mais na sua infinita bondade. Amém!

**Catequista:** Rezemos de mãos dadas, com amor e confiança a oração que o Senhor nos ensinou. Pai Nosso...

**11º ENCONTRO**
**A FÉ QUE ME FAZ CONFIAR EM DEUS PAI**

## 6. NÃO DEVEMOS ESQUECER!

_____
_____
_____
_____
_____
_____

## 7. CONTE COMIGO!

Complete a oração do Pai Nosso com a sua oração:

PAI nosso, que estais nos Céus,

_____

_____

**11º ENCONTRO**
**A FÉ QUE ME FAZ CONFIAR EM DEUS PAI**

Santificado seja o vosso nome,

_____

_____

Venha a nós o vosso Reino,

_____

_____

Seja feita a vossa Vontade, assim na Terra como no Céu.

_____

_____

O pão nosso cada dia nos dai hoje,

_____

_____

Perdoai-nos as nossas ofensas, assim como nós perdoamos a quem nos tem ofendido;

_____

_____

E não nos deixeis cair em tentação,

_____

_____

Mas livrai-nos do mal.

_____

_____

Amém.

**11º ENCONTRO**
**A FÉ QUE ME FAZ CONFIAR EM DEUS PAI**

> VAMOS VIVER CONFIANTES NA BONDADE E NA MISERICÓRDIA DE NOSSO DEUS E LEVAR AOS NOSSOS AMIGOS A VERDADE DE QUE ELE NOS AMA COMO PAI BONDOSO E QUE DEVEMOS VIVER COMO IRMÃOS.

# 12º ENCONTRO
# VAMOS PERMANECER UNIDOS A JESUS

Permanecendo unidos a Jesus podemos produzir bons frutos.

**12º ENCONTRO**
**VAMOS PERMANECER UNIDOS A JESUS**

## 1. ESTAMOS AQUI!

Observem a planta que está enfeitando a nossa sala e o galho que no encontro passado foi separado dela. Comente com seu colega sobre estas observações.

## 2. QUEREMOS APRENDER!

Observando a planta que está enfeitando nossa sala, o que percebemos?

E observando o galho?

A planta não se alterou, mas o galho que antes era verde, bonito, cheio de vida, agora está seco, sem vida, morto. Porque será que isso aconteceu?

## 3. QUEREMOS ESCUTAR!

Vamos ouvir o que Jesus falou e o que Ele espera de todos nós!

*Texto: Jo 15,1-10*

## 4. HORA DE PENSAR E CONVERSAR...

A imagem da videira usada por Jesus representa um tronco forte que se prolonga em ramos para todas as direções. Da videira vem a seiva para alimentar os ramos que com a umidade do solo, a água que vem das raízes e sob os efeitos dos raios de sol, produzem os frutos. Se o ramo não é alimentado pela videira, ele não produz frutos.

Assim como o ramo faz parte da videira, nós fazemos parte da comunidade de Jesus. Não fazemos parte da comunidade de Jesus somente porque nos encontramos na catequese, nem porque estamos juntos dentro de uma igreja-templo (prédio), mas porque participamos de sua vida, somos cristãos! Isto é, somos de Cristo. Seguimos os seus ensinamentos, ouvimos a sua voz, aprendemos com suas orientações, buscamos viver uma vida solidária, unidos a Ele.

**12º ENCONTRO
VAMOS PERMANECER
UNIDOS A JESUS**

Cada pessoa que se aproxima de Jesus é chamada a dar testemunho de sua alegria.

Vocês já ouviram alguém dar testemunho de vida, dizendo que é feliz por ser cristão?

Se você fosse dar um testemunho o que diria às pessoas que ainda não conhecem Jesus?

O Evangelho de hoje nos fala em ficarmos unidos a Jesus como os ramos unidos à videira, para dar bons frutos. E quando vivemos unidos a Jesus podemos melhorar a nossa vida, ajudar as pessoas, ser feliz e fazer felizes aqueles que amamos. Ouvindo as palavras de Jesus no Evangelho, aprendemos que estando unidos a ele daremos frutos, muitos frutos, bons frutos: de amor, justiça, solidariedade, união, respeito, obediência e muitos outros.

No início do nosso encontro vimos que o galho arrancado da planta está sem vida e nós estamos aqui, vivos e com o coração cheio de alegria e esperança.

Vejam a diferença entre o galho sem vida e o nosso coração que pulsa.

Agora que todos seguraram o galho vamos conversar um pouco.

Quem sentiu as batidas do coração? O que isso representa?

Se temos vida dentro de nós e se estamos unidos a Jesus, como podemos oferecer os dons para o mundo?

O Amor é o maior fruto que podemos dar.

Vamos refletir algumas frases de Madre Teresa de Calcutá sobre o amor:

*"Sou uma pequena caneta na mão de Deus que envia cartas de amor ao mundo".*

*"Sei que meu trabalho é uma gota no oceano. Mas sem ele, o oceano seria menor".*

*"Quem julga as pessoas não tem tempo para amá-las".*

**12º ENCONTRO**
**VAMOS PERMANECER UNIDOS A JESUS**

*"Qualquer ato de amor, por menor que seja, é um trabalho pela paz".*

Aproveitemos todo o tempo que Deus nos dá para viver e oferecer para o mundo um pouco mais de amor, como fruto que sai de dentro de nós para o bem de todos. Quanto mais amamos, mais crescemos como filhos e filhas de Deus. Quanto mais amamos somos reconhecidos como discípulos e amigos de Jesus.

Tudo isso será possível se vivermos em comunidade, unidos a Jesus.

Mesmo diante das dificuldades, dos erros que cometemos e dos momentos de medo, desânimo ou tristeza, se permanecermos unidos a Ele, deixando que Ele cuide de nós, poderemos vencer todos esses desafios.

## 5. VAMOS REZAR?

Jesus, no encontro de hoje, aprendi que só permanecendo unido a você posso dar muitos frutos: de amor, perdão, solidariedade, paz.... Ajude-me para que eu possa cumprir com a sua vontade, sendo fiel e perseverante no caminho do bem. Agindo assim, sei que posso ser reconhecido como seu discípulo e estarei colaborando na construção de um mundo melhor. Amém

12º ENCONTRO
**VAMOS PERMANECER UNIDOS A JESUS**

## 6. NÃO DEVEMOS ESQUECER!

## 7. CONTE COMIGO!

1. Ligue as letras e forme palavras que representem bons frutos.

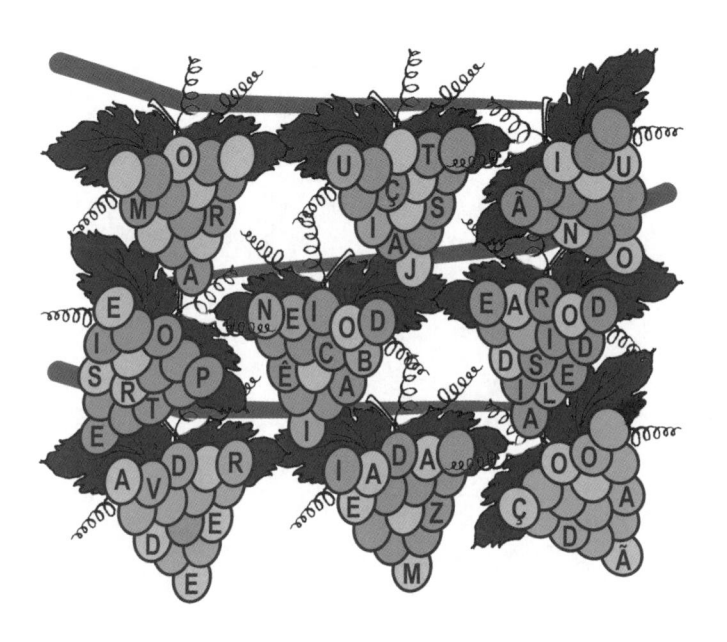

**93**

**12º ENCONTRO**
**VAMOS PERMANECER UNIDOS A JESUS**

2. Com as palavras que você formou escreva uma mensagem tirada deste encontro para sua família.

VAMOS PERMANECER UNIDOS A JESUS E CONTAR AOS NOSSOS AMIGOS A ALEGRIA DE SER CRISTÃO.

## 13º ENCONTRO
## EM JESUS ENCONTRO ALEGRIA

Com Jesus a nossa vida vai se tornando mais feliz.

## 1. ESTAMOS AQUI!

Festa de aniversário.

## 2. QUEREMOS APRENDER:

Temos aqui na frente tudo o que é necessário para organizar uma festa de aniversário.

Vamos nos imaginar participando dela. Amigos, música, comida, está otimo! Mas em dado momento, bem antes de cantar Parabéns e cortar o bolo, alguém percebe que acabaram as bebidas. O que fazer?

O que acontecerá à festa?

E nós, os convidados?

## 3. QUEREMOS ESCUTAR!

Vamos ouvir o Evangelho e ver como Jesus pode nos garantir a alegria e a vida.

*Texto*

*Jo 2,1-11*

## 4. HORA DE PENSAR E CONVERSAR...

Nós já aprendemos que Jesus é muito importante para a nossa vida. Com Ele podemos:
Viver uma vida de fé;
Caminhar com mais esperança;
Servir com amor.

Ele nos ajuda no caminho rumo ao Pai. Com Jesus a nossa vida vai se tornando mais feliz a cada dia, pois como Ele mesmo disse quem nele acreditar terá a vida eterna (cf. Jo 3,15).

Jesus revelou na cruz, com a doação de sua própria vida, o seu amor tão grande por nós todos. Toda sua vida foi uma verdadeira partilha de amor; de paz e de alegria; de fé e de esperança.

Ter fé em Jesus não é só admirar o que Ele diz e faz, mas se converter pela força do Espírito de Deus e permanecer sempre aberto para a sua novidade. Cada ensinamento de Jesus é um convite para assumirmos um compromisso de amor em favor de todos os nossos irmãos e irmãs.

Jesus, seus discípulos e Maria estavam numa festa de casamento. Todos foram convidados para um acontecimento importante, compartilhar a alegria na vida de duas pessoas que se amam. O casamento é o símbolo da união de Deus com a humanidade que Jesus realizou de maneira definitiva, pois Ele é o caminho para Deus.

O que aconteceu na festa que chamou a atenção de Maria?

Como o vinho não pode faltar na festa, não podemos viver sem Jesus. Uma vida sem Jesus é como uma festa sem vinho. Precisamos contar com sua presença e ter fé em suas palavras. Foi o que Maria fez, demonstrou ter fé na palavra e na ação de Jesus. A sua atitude em favor da família que festejava a união dos noivos simboliza a comunidade que nasce da fé em Jesus. Fé no que Ele quer e pode realizar e não no que queremos que aconteça.

O que Maria disse às pessoas que trabalhavam na festa?

Fazer o que Jesus diz. Este é o convite de Maria para todos os que se aproximam de Jesus na esperança de que Ele atenda as suas necessidades. Devemos ouvir o que Ele diz e colocar em prática sua palavra.

Ao transformar a água em vinho, Jesus quis indicar qual seria a sua missão: transformar as relações dos homens entre si e com Deus.

Este milagre de Jesus vem nos ajudar na compreensão de que a nossa religião se baseia na busca de uma vida com mais alegria e em harmonia com a comunidade. Jesus nos convida para uma festa, uma vida nova baseada na comunhão.

Contando com a presença de Jesus em nossa vida e na vida de nossa comunidade, o que podemos pedir a Ele uma vez que estamos nos aproximando da Festa da Eucaristia na qual participaremos da mesa da comunhão?

O que Jesus está pedindo a nós?

Qual será o nosso compromisso?

## 5. VAMOS REZAR?

**Catequista:** Maria vivia atenta aos acontecimentos em sua volta, como aconteceu nas Bodas de Caná. Da leitura que fizemos do texto, vamos formular mais algumas **orações espontâneas**.

1. Para que a nossa Comunidade seja constante sinal de alegria e fraternidade, rezemos:
2. Para que as pessoas tenham mais fé e esperança, rezemos:
3. Para que nós nos despertemos para a alegria de partilhar um pouco do que temos com àqueles irmãos que precisarem de nós, rezemos.
4. ...
5. ...
6. ...

## 6. NÃO DEVEMOS ESQUECER!

## 7. CONTE COMIGO!

Caça-palavras:

Encontre na talha de água as palavras:

VINHO – OBEDECER – ÁGUA – ALEGRIA – FÉ – ESPERANÇA – JESUS – MARIA – VIDA – EUCARISTIA – FESTA – TRANSFORMAR

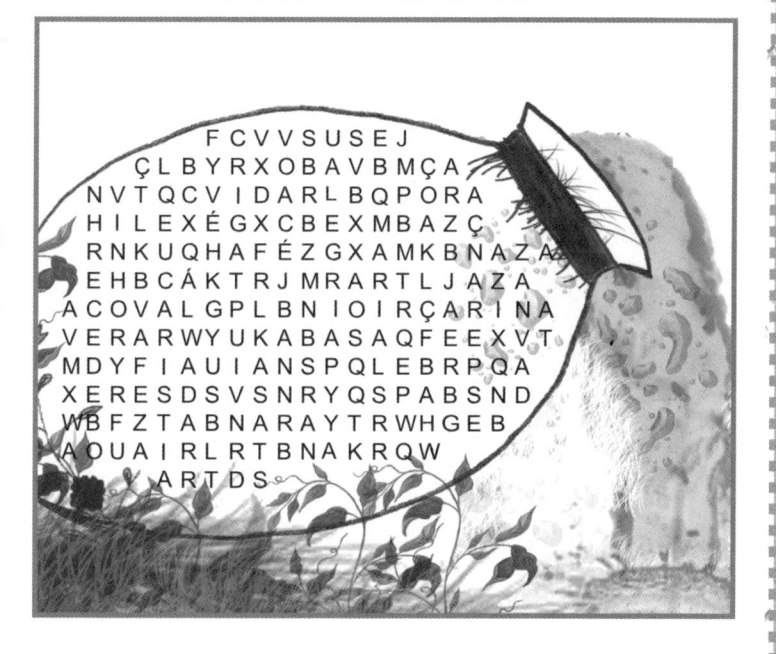

```
       F C V V S U S E J
    Ç L B Y R X O B A V B M Ç A
  N V T Q C V I D A R L B Q P O R A
   H I L E X É G X C B E X M B A Z Ç
  R N K U Q H A F É Z G X A M K B N A Z A
   E H B C Á K T R J M R A R T L J A Z A
  A C O V A L G P L B N I O I R Ç A R I N A
  V E R A R W Y U K A B A S A Q F E E X V T
  M D Y F I A U I A N S P Q L E B R P Q A
  X E R E S D S V S N R Y Q S P A B S N D
  W B F Z T A B N A R A Y T R W H G E B
   A O U A I R L R T B N A K R Q W
         A R T D S
```

## 13º ENCONTRO
### EM JESUS ENCONTRO ALEGRIA

VAMOS REALIZAR UMA FESTA DE CONFRATERNIZAÇÃO: PENSAR NA DATA, NOS CONVITES, NOS PRATOS, NOS ENFEITES E NAS LEMBRANÇAS (TROCA DE CARTÕES). QUEM VOCÊ QUER CONVIDAR PARA A FESTA?

## 14º ENCONTRO
## QUERO SEGUIR JESUS

Jesus quer abrir os nossos olhos e o nosso coração.

## 1. ESTAMOS AQUI!

**Dinâmica:** Seguir o mestre.

## 2. QUEREMOS APRENDER!

Como foi a sua participação? Algo o atrapalhou?
Não podemos seguir alguém se não o vemos, só se tivermos a ajuda de quem podemos confiar.

## 3. QUEREMOS ESCUTAR!

Vamos acolher com fé a palavra de Jesus e abrir o nosso coração para seguir seus passos.

Texto
Lc 18,35-43

## 4. HORA DE PENSAR E CONVERSAR...

Recordemos a história que ouvimos no Evangelho:
Jesus se aproxima de Jericó, que ficava distante cerca de 20 quilômetros de Jerusalém. Um cego chamado Bartimeu (Mc 10,46-52) estava sentado à beira do caminho, pedindo esmola. Sabendo que Jesus estava passando por aquele lugar, começa a gritar: "Jesus, Filho de Davi, tenha pena de mim!" Ele acreditava que Jesus podia lhe dar o que precisava. O homem cego e mendigo queria se curar.

Bartimeu simboliza o homem que vive uma grande infelicidade: não pode enxergar.

O Evangelho nos conta que ele ficava a beira do caminho e pedia esmola. Era um pobre mendigo! Por não contar com a bondade de todos que passavam por aquele caminho, aguardava ansioso a chegada de Jesus.

A fama de Jesus se espalhava por todas as regiões e com Ele uma multidão de pessoas de todas as raças e lugares percorria as estradas espalhando o som de vozes alegres e de súplicas.

Bartimeu ouvindo o barulho, muito diferente do que o que estava acostumado a ouvir, pergunta o que estava acontecendo. Ele não sabia a hora que Jesus ia passar e nem como identificá-lo, por isso começou a gritar. Ele sabia o que ia pedir. Aquela seria a sua única e grande chance.

O que ele pediu a Jesus?

Ele não queria permanecer a vida toda na cegueira. Ele vai ao encontro de Jesus com seus gritos e Jesus vem ao seu encontro com amor. Mesmo com as pessoas tentando calar sua voz, ele não deixa passar essa oportunidade gritando mais alto: "Jesus, Filho de Davi, tem compaixão de mim!"

Jesus, que ouve a todos, ordena que tragam o cego até Ele. Ao ver o cego, pergunta: "O que você quer que eu que eu faça?"

Por que Jesus fez essa pergunta ao cego?

Jesus sabia qual era a necessidade de Bartimeu, mas mesmo assim quis ouvir o seu apelo: "Senhor, eu quero ver de novo!"

Ver de novo significa recuperar a visão, a alegria, a luz e a vida.

Jesus notou que o cego Bartimeu, além do profundo desejo de cura física demonstrava uma fé sem limites. Fé que o levou a implorar por compaixão, não desistindo apesar dos obstáculos.

Quais eram os obstáculos?

*"O cego começou a ver e seguia Jesus glorificando a Deus"* (Lc 18,43). Sem ver Jesus a nossa vida é como uma vida sem luz, sem alegria.

Assim com fez o cego Bartimeu não devemos perder a oportunidade de contar com a presença de Jesus em nossa vida. Ele passa entre nós e atende o nosso chamado. Devemos ser perseverantes na fé e não desistir diante das dificuldades.

Acreditar em Jesus é aceitar segui-lo, deixando o Espírito Santo agir e transformar a nossa vida para o serviço do amor.

Agora que podemos participar da Eucaristia vamos seguir confiantes os passos de Jesus vivendo em comunhão com Ele e com a nossa comunidade. Nós o recebemos presente no Pão Eucarístico, o Pão da Vida, para que a nossa vida seja repleta de mais alegria e fé.

Fé é uma confiança sem limites. Seguir Jesus é aceitar que o seu caminho seja o nosso caminho e o seu destino seja o nosso destino. Quem abre seus olhos para ver Jesus, o conhece e o segue. A Ele devemos confiar a nossa vida.

## 5. VAMOS REZAR?

Obrigado (a), Jesus, porque você está sendo meu companheiro ao longo desses meus encontros de catequese. Com você estou aprendendo muitas coisas importantes, que ajudou a transformar a minha vida. Hoje ela se tornou mais bonita, cheia de sentido e esperança. Quero seguir os seus passos com muita fé e confiança. Quero estar sempre aberto para acolher os seus ensinamentos.

Jesus, eu creio e confio em vós, meu salvador e libertador. Dá-me olhos bem abertos para que de maneira nova eu possa ver e agir no dia a dia de minha vida conforme seu projeto de vida.

## 6. NÃO DEVEMOS ESQUECER!

# 7. CONTE COMIGO!

Para escrever e ler, pessoas com deficiência visual, usam o alfabeto Braille.

Conheça o alfabeto Braille:

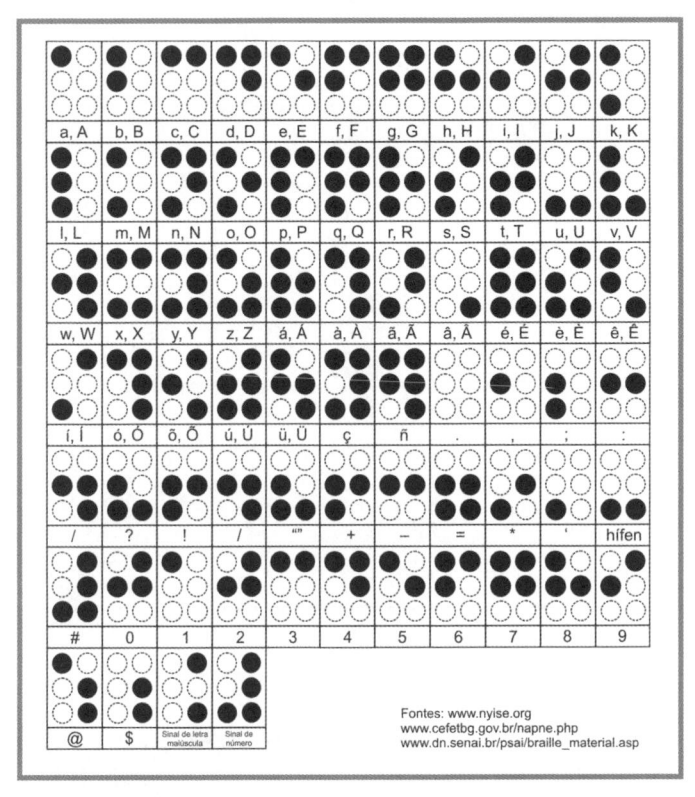

*Fontes: www.nyise.org*
*www.cefetbg.gov.br/napne.php*
*www.dn.senai.br/psai/braille_material.asp*

1. Utilizando este alfabeto decifre a mensagem deixada por Bartimeu para você

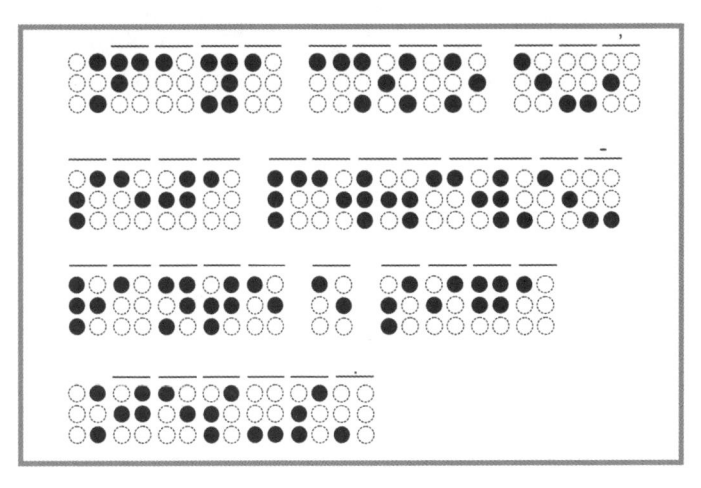

**14º ENCONTRO**
**QUERO SEGUIR JESUS**

2. Agora escreva você uma mensagem para Bartimeu utilizando o alfabeto Braille.

VAMOS, COMO BARTIMEU, VER JESUS E SEGUIR SEUS PASSOS, PARTICIPANDO DE FORMA PLENA DA CELEBRAÇÃO EUCARÍSTICA E TRAZENDO UM AMIGO PARA PARTILHAR COM VOCÊ SUA ALEGRIA.

## 15º ENCONTRO
## SOU FELIZ PORQUE POSSO VER JESUS

Bom é louvar o Senhor, nosso Deus.

## 1. ESTAMOS AQUI!

Nossos índios criavam histórias, chamadas lendas, para justificar alguns fenômenos naturais como trovão, chuva, fogo, e outros, que eram mistério para eles. Essas lendas explicavam tais fenômenos por meio de fatos heróicos ou sobrenaturais, misturando realidade e fantasia.

Uma delas é a lenda do sol e da lua. Vamos ouvi-la:

Conta a lenda que há muitos e muitos anos, em uma pequena aldeia, viviam um homem e sua mulher. Depois de um longo período, o casal teve dois filhos: um menino e uma menina. Os irmãos se davam muito bem, para alegria dos pais. Um não se separava do outro.

O tempo foi passando e as crianças crescendo. Quando os dois irmãos se tornaram adultos, aconteceu algo surpreendente: eles não paravam de brigar. Os pais dos jovens ficaram tristes e espantados. Não conseguiam entender como os filhos, de uma hora para outra, tornaram-se inimigos.

Na verdade, quem se transformou foi o filho, que tinha inveja da beleza da irmã e por isso vivia a persegui-la. A menina, por sua vez, já estava cansada das implicâncias do irmão, não sabia mais o que fazer para escapar de suas maldades. Mas um dia ela teve uma idéia: "Vou fugir para o céu. Só assim escaparei do meu irmão".

A menina então se transformou em Lua.

Quando o rapaz descobriu que a irmã tinha fugido, ficou muito triste e arrependido, pensou: "Se ela foi para o céu, eu irei também. Não posso ficar sem a minha irmã."

E foi isso que aconteceu. O rapaz conseguiu ir para o céu, só que em forma de Sol, e não parou de correr atrás da menina. Às vezes, ele a alcança e consegue abraçá-la, causando então um eclipse.

## 2. QUEREMOS APRENDER!

Ouvimos como os nossos índios explicavam o aparecimento do sol e da lua.

15º ENCONTRO
SOU FELIZ PORQUE
POSSO VER JESUS

Vocês conhecem alguma outra lenda?

Vocês já criaram alguma história para explicar algo misterioso ou já lhes contaram histórias que explicasse algum fato cuja origem lhe era desconhecida?

Neste último encontro do nosso livro vamos louvar a Deus que se manifestou em Jesus revelando o seu mistério.

## 3. QUEREMOS ESCUTAR!

Vamos acolher o que Deus quer nos revelar ouvindo com atenção uma mensagem da carta de São Paulo aos Efésios.

## 4. HORA DE PENSAR E CONVERSAR...

São Paulo escreveu uma carta de dentro da prisão em Éfeso, provavelmente entre os anos 55-57 d.C. Querendo contemplar o projeto de Deus para a salvação da humanidade, Paulo fixa seu olhar em Jesus Cristo que não está longe das pessoas. Ele está no céu e aqui entre nós.

Com Paulo vamos terminar os nossos encontros louvando a Deus porque Ele revelou em Jesus o seu mistério, seu plano de Amor.

**Texto**

**Ef 1,3-14**

Jesus nos revelou que Deus :

- É nosso Pai;
- Nos abençoa com sua bênção;

## 15º ENCONTRO
## SOU FELIZ PORQUE POSSO VER JESUS

- Nos escolheu para uma vida baseada na santidade e no amor;
- Nos predestinou para sermos seus filhos;
- Nos ama com um amor generoso;
- Nos revela a sua vontade, o seu plano para a salvação de todos;
- Aceitou o sacrifício de seu Filho Jesus para a libertação de toda a humanidade;
- Perdoa os nossos pecados;
- Nos enriquece com sua graça;
- Abriu para nós o seu tesouro, a sabedoria e sua vontade;
- Reparte a nossa herança conforme o seu projeto, segundo a sua vontade;
- Fala a nós através de sua Palavra, Jesus Cristo – o Evangelho vivo que nos salva;
- Envia para nós o seu Espírito que a tudo renova;
- Nos ajuda a viver com fé a esperança da completa libertação;
- Garante que fomos chamados por Ele e somos enviados para a missão.

Como vimos, tudo o que antes era mistério agora nos foi revelado por Jesus. Com fé acolhemos as verdades que Ele nos apresentou. A sua boa noticia é alegria para todos nós!

Deus nos disse:
Conte Comigo! Sigam Jesus meu Filho: *"Este é o meu Filho amado. Escutem o que ele diz!"* (Mc 9,7).

Jesus nos disse:
Conte comigo! *"Eis que eu estarei com vocês todos os dias"* (Mt 28,20).

Maria nos disse:
Conte Comigo! *"Fazei o que ele vos disser"* (Jo 2,5).

A Igreja nos diz:

Conte Comigo! "(...) onde está Jesus, as pessoas mudam, tornam-se melhores. Cria-se uma maior capacidade de paz, de reconciliação" (Papa Bento XVI – 15.10.2005).

Agora é a nossa vez de dizer ao mundo, às pessoas que amamos e a todas que esperam o nosso testemunho de fé: Conte Comigo!

Em que eles podem contar com vocês?

É hora de dizer a Jesus:
– Jesus, Conte Comigo!

## 5. VAMOS REZAR?

**Catequista:** Vamos rezar juntos!

Jesus, Conte Comigo!
Quero ser seu instrumento de paz para que as pessoas sintam a minha alegria, vejam o meu olhar de esperança, toquem as minhas mãos comprometidas com o Reino, escutem a minha voz que proclama o teu amor e acolham o meu coração de irmão.
Quero contar com a sua ajuda na transformação do mundo.
Quero contar com a sua presença na minha busca de se tornar seu discípulo e missionário.
Quero contar com as suas mãos segurando as minhas para que eu não me perca por outros caminhos.
Quero ser perseverante na fé que vou viver e testemunhar.
Obrigado(a), Jesus!

## 6. NÃO DEVEMOS ESQUECER!

- Procure saber o que é preciso fazer para você continuar perseverante na fé e na vida da comunidade.

_____
_____
_____
_____

## 7. CONTE COMIGO!

Agora que você já pode ver Jesus e recebê-lo na Eucaristia, escreva uma mensagem de agradecimento a todas aquelas pessoas que te ajudaram: pais, amigos, catequistas, padre, pessoas da comunidade, etc.

"VAMOS, ENTÃO, AO ENCONTRO DESTE SENHOR INVISÍVEL, MAS FORTE, QUE NOS AJUDA A VIVER BEM." PAPA BENTO XVI

VAMOS CONTINUAR PERSEVERANTES NA FÉ E NA VIDA DA COMUNIDADE PARTICIPANDO DOS ENCONTROS DA NOVA ETAPA DE CATEQUESE QUE SE INICIA AGORA.

# A SANTÍSSIMA TRINDADE

## REUNIDOS EM NOME DO PAI, DO FILHO E DO ESPÍRITO SANTO

Como cristãos nos reunimos para viver, celebrar e testemunhar a nossa fé. Fomos enviados em missão (Mt 28,19) como batizados para formar novos discípulos.

Só existe um Deus, o Pai todo-poderoso, seu Filho único e o Espírito Santo: a Santíssima Trindade.

Eis o mistério central da fé e da vida cristã: o mistério de Deus em si mesmo. Só Ele pode dar a conhecer o seu mistério, revelando-se a nós como Pai, Filho e Espírito Santo.

Pelo batismo somos chamados a participar da vida da Santíssima Trindade. Somos convidados a viver uma vida de comunhão com Deus:
    O Pai Criador todo-poderoso
    O Filho nosso Salvador
    O Espírito Santificador.

A nossa fé nos leva a crer em um único Deus na Trindade, e a Trindade na unidade. São três pessoas que se amam num só coração e revelam o seu amor por nós. São inseparáveis, mas o Pai, o Filho e o Espírito Santo manifestam a obra divina com o que lhe é próprio na Trindade.

Ele faz tudo o que quer (Sl 115,3);
Ele é Pai todo-poderoso (2Cor 6,18);

Ele é o nosso criador (Gn 1,1).

Ele visita o seu povo (Lc 1,68);
Jesus é o filho único de Deus: ele veio de Deus (Jo 13,3); desceu do céu (Jo 3,13; 6,33); se fez homem e habitou entre nós (Jo 1,14-16).

# MEU BATISMO, EM NOME DO PAI, DO FILHO E DO ESPÍRITO SANTO

Celebração de Renovação das Promessas do Santo Batismo.

***Canto Inicial:***

(Em pé)

# I – ACOLHIDA

**Padre:** Reunida, em nome do Pai, do Filho e do Espírito Santo, nossa comunidade acolhe com alegria estes catequizandos e suas famílias que hoje recordam e renovam os compromissos do seu batismo. Que todos nós, amparados pela graça de Deus, possamos ajudar uns aos outros, adultos e crianças, adolescentes e jovens, crescendo juntos na fé e no convívio fraterno.

Que a graça de Nosso Senhor Jesus Cristo, o amor do Pai e do Espírito Santo estejam convosco.

**Todos: Na alegria de estarmos unidos no amor, bendizemos a Deus que nos fez todos irmãos.**

**Mãe:** Faz muito tempo, mas parece que foi ontem. Cada criança que nasce é uma mensagem de que Deus ainda acredita em nós. Deus acreditou em nós e nos deu a alegria e a responsabilidade de zelar por estas crianças que nós amamos, mas que ele amou antes de nós. E, porque antes de serem nossos filhos, eles são filhos de Deus, um dia os apresentamos à Igreja e pedimos para eles o batismo. Hoje renovamos com eles os compromissos daquele dia e pedimos ao Espírito Santo a graça de assumir melhor o nosso batismo.

**Todos: Que o Espírito do Senhor esteja conosco e nos ajude a viver como bons cristãos.**

(Sentados)

**Padre:** Jesus prometeu que estaria com a sua Igreja até o final dos tempos. Pelo batismo nos comprometemos com essa Igreja que Jesus fundou para transmitir sua mensagem a todos os irmãos e irmãs. Vários sinais foram usados para marcar esse compromisso. Cada um deles, com seu significado especial, faz parte dos laços com que nos prendemos a Jesus e a sua Igreja.

**MEU BATISMO, EM NOME DO PAI, DO FILHO E DO ESPÍRITO SANTO**

**Leitor:** Sem água não existe vida. Jesus disse que precisamos nascer pela água e pelo Espírito Santo para entrar no Reino de Deus. A água representa a força da graça que nos faz nascer para vida nova e nos purifica para servir a Deus.

**Todos:** A vida vem de Deus e é com Ele que queremos vivê-la.

**Leitor:** Os atletas de antigamente se untavam com óleo para escapar facilmente das mãos de seus adversários em luta corporal. Nossos adversários maiores hoje são o egoísmo, a vaidade, a preguiça, tudo que nos impede de viver como filhos e filhas de Deus. No batismo, o óleo lembra a força de Deus, a única que nos pode dar uma vitória sobre o mal. Com o óleo também eram marcados os reis de Israel, escolhidos por Deus para uma missão especial. Nós, os batizados, somos os escolhidos de Deus como mensageiros do Evangelho.

**Todos:** Confiamos na graça, na força do amor de Deus para vencer as dificuldades e cumprir a missão que recebemos como cristãos.

**Leitor:** Uma veste branca nos cobriu no batismo e representava a pureza de sentimentos. Esta é a marca que deve acompanhar todas as ações do verdadeiro cristão.

**Todos:** Contamos com a graça do batismo para conservar em nosso coração toda pureza de um verdadeiro filho de Deus.

**Leitor:** Uma vela se gasta enquanto ilumina caminhos. Ela representa a luz da fé que recebemos no batismo. Como cristãos, gente de fé, nossa vida deve ser como uma vela que se gasta para que os outros caminhem na luz.

**Todos:** Ajudai-nos, Senhor, a ser para os outros um sinal da tua luz.

**Padre:** Estes sinais estiveram presentes no batismo de todos nós. São hoje lembranças muito vivas do nosso compromisso com o amor de Deus. Abençoai, Senhor, a todos nós que hoje, contemplando as coisas que marcaram o início do nosso caminho como membros da Igreja, desejamos viver na tua graça. Em nome do Pai, do Filho e do Espírito Santo.

**Todos:** Amém.

**Padre:** Pelo batismo recebemos e aceitamos um convite muito especial para viver de modo a poder sempre habitar na casa de Deus. Vamos todos juntos pensar no que se espera de quem deseja viver na casa de Deus.

**Pai:** O caminho para a casa de Deus é ensinado por Jesus no Evangelho. Hoje vamos ouvir como Jesus escolhe os apóstolos que vão ser os seus mensageiros. Como eles, nós também fomos chamados e escolhidos no batismo.

## II – EVANGELHO

Canto de aclamação:

**Padre:** O Senhor esteja convosco!
**Todos:** Ele está no meio de nós.
**Padre:** Proclamação do Evangelho de nosso Senhor Jesus Cristo segundo Mateus 4,18-22.
**Todos:** Glória a vós, Senhor.

## III – RENOVAÇÃO DAS PROMESSSAS

**Leitor:** Todo batizado se compromete a viver como bom cristão, com o auxílio da graça do Senhor, cumprindo as leis de Deus e da Igreja, procurando conhecer cada vez melhor o Evangelho de Jesus, participando da santa missa todos os domingos e colocando o Reino de Deus sempre em primeiro lugar na sua vida. É esta a promessa que vamos renovar agora, pedindo ao Espírito Santo que nos oriente para podermos cumpri-la da melhor maneira possível.

**Padre:** N...., promete procurar viver de acordo com o compromisso do seu batismo, como filho (a) de Deus e membro da Igreja?

**Catequizando: Prometo**

**Padre:** A Igreja de Jesus Cristo cresceu porque cada discípulo, com a ajuda do Espírito Santo, transmitiu aos outros a mensagem de Jesus. A fé é um dom de Deus, cada um pode ajudar a passar para o outro a luz que nos vem da presença de Deus no meio de nós.

Para estarmos aqui hoje, nesse gesto de amor a Deus, estes catequizandos receberam dos adultos exemplos, ensinamentos, oportunidades para se desenvolver no amor. Esta vela, que vamos entregar a cada catequizando, seja um sinal de todo exemplo de fé e amor fraterno que devemos dar uns aos outros.

**Creio em Deus Pai todo-poderoso, Criador do céu e da terra ...**

## IV – CONSAGRAÇÃO À NOSSA SENHORA:

**Mãe:** Agradecemos a Deus este momento de fé que vivemos com nossos filhos. Peçamos a Virgem Maria, que também é mãe e nos ama, que guarde especialmente estes catequizandos e suas famílias para que os compromissos aqui renovados sejam mantidos. Que a Virgem Maria, nossa Mãe, aceite a oferta do nosso amor e que sempre caminhe conosco nas estradas da vida.

Canto de consagração:

## V – BENÇÃO FINAL

(Celebração elaborada por Pe. Everaldo Sanches Ribeiro – Paróquia São João Evangelista – Região Episcopal Santana – Arquidiocese de São Paulo)

# MEMORIAL DA PAIXÃO, MORTE E RESSURREIÇÃO DE JESUS

## I – NÓS QUEREMOS ENCONTRAR JESUS!

**Catequista:** Hoje vamos recordar os passos de Jesus e sua fidelidade ao projeto do Pai. Ele mesmo ensinou a todos que o amor é o caminho que nos leva a Deus Pai. O seu amor foi provado muito mais do que em palavras, foi revelado em suas atitudes, em seu compromisso de libertar o seu povo.

**Animador(a):** Em Jesus somos convidados a participar da comunhão e do amor da Trindade. Nós estamos aqui em nome do Pai, do Filho e do Espírito Santo. Amém!

**Todos: O amor de Cristo nos reuniu e nos convida para uma vida mais justa e fraterna.**

**Animador(a):** Celebrar a paixão, morte e ressurreição de Jesus é mais que recordar o seu sofrimento e vitória da vida sobre a morte. É tempo de reviver! De caminhar com Ele, acolhendo a sua dor, o seu sofrimento, a sua cruz e se alegrando com a sua ressurreição que nos faz sentir participantes de uma Igreja sempre viva, pois o seu fundamento é Cristo, que está vivo entre nós. Ele, após a sua ressurreição, já não morre mais. Ele Vive! Ele é Deus e Senhor!

**Catequista:** Temos que nos situar no contexto de sua paixão, para reviver o Mistério Pascal e chegar à luz que ilumina os corações.

*Canto:*

## II – NÓS QUEREMOS SEGUIR OS SEUS PASSOS!

**Catequista:** Olhando para a imagem de Jesus vamos dizer que acreditamos em sua presença entre nós.

**MEMORIAL DA PAIXÃO, MORTE E RESSURREIÇÃO DE JESUS**

*Todos: Jesus, hoje eu vim encontrá-lo porque a vontade de entender o seu amor é grande demais. Vim falar do meu amor e até meus problemas deixei para trás. Jesus, eu quero dizer que sou feliz por ter fé, que me alegro por fazer parte desta comunidade, por caminhar com meus irmãos e irmãs e por aprender sempre mais sobre os seus ensinamentos. Hoje eu quero seguir seus passos. Sim! Quero percorrer o mesmo caminho que seus pés pisaram, quero seguir suas pegadas da entrada de Jerusalém até a cruz, da cruz até sepulcro e de lá até a certeza da sua ressurreição!*

**Leitor 1.** *Jesus chega a Cidade de Jerusalém.*

**Leitura :** (Lc 19, 29-40)

**Animador(a):** Iniciemos a nossa caminhada recordando o sofrimento de Jesus que se dispõe a trilhar o calvário. Ele entrou em Jerusalém acolhido como um rei. Ele é o Messias que nos garante a liberdade e o rei que governa o mundo com justiça. Quando seguimos seus passos e o louvamos com nossas canções, aclamando-o como Rei e Senhor, resgatamos a dignidade de um povo que pertence ao seu Reino.

Cantemos aclamando que Jesus é o nosso Rei!

*Canto:*

Hosana hey, hosana há!

**Catequista:** Jesus percorreu um longo caminho de humilhação, mas não deixou de nos garantir a sua dignidade divina. Ele não se deixou abater pelo sofrimento e dor. Mesmo passando pela experiência da dor mais profunda, tendo que se calar, sendo humilhado e sentindo a dor da solidão, nos ensinou o sentido de sua paixão.

**Todos:** Jesus nós confiamos na sua graça e na força do seu amor para vencer as dificuldades e cumprir a missão que recebemos como cristão.

**MEMORIAL DA PAIXÃO, MORTE E RESSURREIÇÃO DE JESUS**

**Leitor 2.** *Jesus faz a ceia com os seus amigos.*
**Leitura:** (Lc 22,7-14.19-20)

**Animador(a):** Nós, cristãos, celebramos na quinta-feira santa o início do tríduo pascal. Ingressamos no mistério dos três dias sagrados da semana santa. Celebramos a instituição da Eucaristia na última ceia. Jesus quis deixar claro o seu amor por nós, um amor que não se sente ameaçado pela morte. É um amor firmado no compromisso de vida até o fim. A Eucaristia é o sinal visível desse amor! Ao partir o pão e distribuí-lo aos discípulos, Jesus ensinou que sua morte é a consumação do seu amor, é entrega de si mesmo por cada um de nós. Ele mesmo disse: "Tomai e comei todos vós, isso é o meu corpo que é dado por vós!". Ele se oferece no pão como na cruz por amor.

**Catequista:** Na ceia com os discípulos Jesus realiza a Instituição da Eucaristia. Instituição é o ato de instituir, de educar, de dar início a um novo costume, atitude ou regra. Jesus ao instituir a Eucaristia disse: "Fazei isso em minha memória". É por isso que cada vez que celebramos a Eucaristia revivemos aquele momento, aquele mistério de amor. Cada vez que os cristãos recebem a Eucaristia, participam da vitória da vida revelada no amor de Jesus. Ele vem a nós para nos revelar a sua opção por todos nós. Ele foi fiel ao Pai garantindo vida para todos. Vamos recordar:

**Leitor 1:** *Eu sou o caminho, a verdade e a vida...* (Jo 14,6)
**Todos: Ninguém vai ao Pai senão por mim!**

**Leitor 2:** *Eu sou a luz do mundo...* (Jo 8,12)
**Todos : Quem vem a mim não andará nas trevas mas terá a luz para sempre!**

**Leitor 1:** *Eu sou o pão da vida...* (Jo 6,35)
**Todos: Quem vem a mim não terá mais fome.**

**MEMORIAL DA PAIXÃO, MORTE E RESSURREIÇÃO DE JESUS**

**Leitor 2:** *Eu sou o bom pastor...* (Jo 10,14)
**Todos:** Conheço as minhas ovelhas e as minhas ovelhas me conhecem.
**Leitor 1:** *Eu sou a videira...* (Jo 15,5)
**Todos:** Quem fica unido a mim, e eu a ele, dará muito fruto.

**Catequista:** Cantemos alegremente!

*Canto:*

**Leitor 2:** *Jesus caminha e carrega a cruz.*
**Leitura:** (Jo 19,1-18)
**Catequista:** Na sexta-feira santa os fiéis participam de uma celebração antiga e tradicional entre os católicos. Trata-se de uma celebração marcada pela Palavra, pela veneração da cruz e pela comunhão. Toda celebração com seus cânticos e ritos nos aproxima do mistério da morte de Jesus na cruz. Nela é lido o texto da Paixão de Jesus segundo o Evangelho onde acompanhamos os passos de Jesus da prisão à cruz. Jesus, percorre confiante todas as estações de seu calvário. Assim somos convidados a percorrer com confiança o nosso caminho rumo à glória de Deus com liberdade e dignidade, sempre ao lado de Jesus.

**Animador(a):** A veneração da cruz constitui o ponto alto da celebração. Bem sabemos que não se venera a cruz, o crucifixo, como símbolo de sofrimento, mas nela vemos a imagem de nossa salvação. Nós veneramos a cruz porque nela Jesus demonstrou até a sua consumação, o seu amor por nós. Por isso que, diante da cruz, proclamamos nossa alegria pelo amor de Jesus, cantando:

*Canto:*

**Animador(a):** Salva, Senhor, o teu povo e abençoa a tua herança. Concede à tua Igreja a vitória sobre o mal e guarda o teu rebanho pela tua Cruz.

**Todos:** Salva, Senhor, o teu povo e abençoa a tua herança.

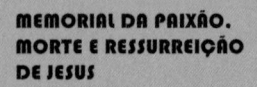

**Animador(a):** Tem piedade de nós, ó Deus, segundo a tua grande misericórdia, nós te suplicamos, escuta-nos e tem piedade de nós!

**Todos:** Salva, Senhor, o teu povo e abençoa a tua herança.

### Canto:

**Animador(a):** Ó Cristo, que voluntariamente foste suspenso na Cruz, tem compaixão do povo que traz o teu nome. Alegra, pelo teu poder, a tua santa Igreja dando-lhe a vitória sobre o mal. Que tua aliança seja para nós uma arma de paz e um troféu de vitória.

**Todos:** "Adoramos, Senhor, a tua Cruz, louvamos e glorificamos a tua santa ressurreição: por causa do lenho da Cruz a alegria chegou ao mundo".

**Catequista:** Nesse momento vamos fazer a nossa procissão de veneração à Santa Cruz

**Leitor 1.** *O Senhor ressuscitou Aleluia, Aleluia!*
**Leitura:** (Jo 20,1-10)
**Catequista:** Chegamos ao dia da festa. Festa da Páscoa! Cantemos o Aleluia!
**Canto:** Aleluia, aleluia, aleluia, aleluia (bis)

**Animador(a):** A luz que vem de Cristo quer irradiar-se em nossos corações. Vai trazer vida e calor, vai acender a chama da esperança e da confiança no Senhor que nos anima diante da dor, da tristeza, do medo, da insegurança. O Aleluia que cantamos faz parte da festa da Páscoa.

**Catequista:** Depois do tempo da Quaresma, quarenta dias antes da Páscoa, cantamos o aleluia pela primeira vez na noite do sábado para domingo para que a ressurreição seja anunciada e exaltada com cânticos de festa.

O nosso canto nos ajuda a participar do milagre do amor que é mais forte que a morte. A ressurreição de Jesus vai nos convidar para a festa da vida.

**Animador(a):** A nova vida também pede um novo jeito de conviver, de amar, de ser solidário e de continuar a caminhada. Somos acompanhados por Jesus que ressurge sempre em nossa vida e nos dá a sua luz.

### Canto final:

• *Canto festivo de Páscoa.*

(Reflexão inspirada no livro "Viver a Páscoa", de Anselm Grün, Edições Loyola, 2003)

# DE VOLTA À CASA DO PAI

Celebração da Primeira Confissão.

## I – ACOLHIDA:

**Animador(a):** Hoje vamos recordar a nossa caminhada, refletir sobre o valor do perdão em nossa vida e receber de Deus, através do Sacramento da Reconciliação, o perdão e a paz. O Sacramento da Reconciliação é um gesto de bondade de Deus que nos reconcilia com Ele e com os nossos irmãos e irmãs.

*Canto:*

**Padre:** Sejam bem-vindos, queridos catequistas e catequizandos, para o encontro com Jesus através do Sacramento da Reconciliação. Deus nos espera de braços abertos para nos dar o abraço do perdão. Estamos reunidos em nome do Pai, do Filho e do Espírito Santo.
**Todos: Amém!**
**Padre:** Deus nos reúne aqui para partilhar seu amor e a sua misericórdia. Fazendo uma boa confissão você terá o perdão de seus pecados e a certeza da amizade com Deus.

## II – RECORDANDO NOSSA CAMINHADA

**Animador(a):** Já sabemos que ser sal da terra é estar presente em todos os ambientes e saber comportar-se como cristão. O cristão pertence a comunidade de Jesus e vive os seus ensinamentos. Sabe partilhar amor, ser fraterno e solidário com as pessoas.

Precisamos das outras pessoas para sermos felizes, para viver como família e como uma verdadeira comunidade de amor.

Quando nos afastamos dessa linda experiência de amor e comunhão nos sentimos sozinhos, inseguros e fracos. Somente vivendo a experiência do amor e da reconciliação é que garantimos a alegria de viver em comunhão. Não devemos nos envergonhar de pedir perdão pelas faltas que cometemos. Deus não deixa de perdoar os que estão arrependidos.

Para garantir uma vida segura e feliz Jesus deixou-nos um Novo Mandamento: "Amai-vos uns aos outros como eu vos amei". Não basta dizer eu quero! É importante se esforçar para não se desviar do caminho.

## III – ESCUTANDO A PALAVRA DE DEUS

**Canto:**

**Animador(a):** Rezemos com confiança
**Salmo 51(50)**

Tem piedade de mim, ó Deus, por teu amor! Por tua grande compaixão, apaga a minha culpa!

Lava-me da minha injustiça e purifica-me do meu pecado!

Tu amas o coração sincero, e, no íntimo, me ensinas a sabedoria.

Purifica-me com o hissopo, e eu ficarei puro. Lava-me, e eu ficarei mais branco do que a neve.

Ó Deus, cria em mim um coração puro, e renova no meu peito um espírito firme.

Não me rejeites para longe da tua face, não retires de mim teu santo espírito.

Devolve-me o júbilo da tua salvação, e que um espírito generoso me sustente.

Senhor, abre os meus lábios, e minha boca anunciará o teu louvor.

**Canto de Aclamação de Evangelho**
**Evangelho (Lc 19,1-10)**

**Refletindo a Palavra**

## IV – REVENDO NOSSA VIDA

**Padre:** Deus Pai nos espera para nos perdoar. Arrependidos, vamos voltar para Ele por meio de uma confissão bem feita.

**Animador(a):** Para nos ajudar a fazer um bom exame de consciência e uma boa confissão vamos rezar meditando o Ato Penitencial:

**Catequistas:** Confesso a Deus todo-poderoso e a vós irmãos e irmãs que pequei muitas vezes...

**Catequizandos:** Devemos assumir os nossos pecados diante de Deus e dos irmãos.

**Catequistas:** Por pensamentos...

**Catequizandos:** Pecamos quando pensamos mal, julgando os outros, discriminando, sentindo inveja, orgulho, egoísmo, ódio...

**Catequistas:** Por palavras...

**Catequizandos:** Quando xingamos, ofendemos, insultamos, caluniamos, levantamos falso testemunho, respondemos mal, mentimos para as pessoas, fofocamos, desmoralizamos o outro, falamos palavras imorais,...

**Catequistas:** Por atos...

**Catequizandos:** Através da agressão, do desprezo, vingança, displicência, roubo, furto, atitudes maldosas e imorais consigo e com os outros,...

**Catequistas:** Por omissões...

**Catequizandos:** Quando deixamos de fazer o bem e de assumir as nossas responsabilidades; passando adiante, fingindo não ver para não fazer,...

**Catequistas:** Por minha culpa, minha tão grande culpa.

**Catequizandos:** Assumimos a nossa culpa diante de Deus e dos irmãos pelos pecados cometidos.

**Todos:** Peço à Virgem Maria, aos anjos e santos e a vós, irmãos e irmãs, que rogueis por mim a Deus, nosso Senhor.

**Animador(a):** Arrependidos pedimos a intercessão de Maria, dos anjos e santos e a oração dos irmãos para que Deus tenha piedade de nós e perdoe as nossas faltas.

## V – MOMENTO DE SILÊNCIO PARA REFLEXÃO

**Padre:** Jesus ensinou-nos muitas coisas como rezar, amar a Deus, amar os outros; ensinou-nos também a perdoar os que nos ofendem. Jesus sempre perdoou aos que o ofendiam e fazia o bem a todos. Na oração do Pai Nosso Ele nos ensina a rezar assim:

**Todos:** Pai Nosso...

**Animador(a):** Agora caminhando até o altar vamos colocar aos pés da árvore as folhas secas que temos em nossas mãos.

*Canto:*

## VI – CONFISSÃO

**Padre:** Na hora da confissão, algumas atitudes nossas demonstram que queremos nos encontrar com Jesus: silêncio, recolhimento, revisão de vida, amor e não medo, sinceridade, esforço de não mais pecar e alegria em ser perdoado.

## VII – ABRAÇO DA PAZ

**Padre:** Deus que vem ao nosso encontro com o seu AMOR E PERDÃO tenha misericórdia de nós, perdoe os nossos pecados e nos conduza a vida eterna. Amém!

*"Evite o mal e pratique o bem, procure a paz e segue-a"* (Sl 34,15).

**Padre:** Benção Final.

## VIII – ÁGAPE

# O CAMINHO QUE PERCORREMOS PARA VER E RECEBER JESUS

Celebração de preparação para a Primeira Comunhão Eucarística.

**O CAMINHO QUE PERCORREMOS PARA VER E RECEBER JESUS**

## I - A COMUNIDADE QUE NOS ACOLHEU

**Catequista:** Estamos aqui reunidos em nome do Pai, do Filho e do Espírito Santo. Amém!

Hoje vamos recordar o caminho que percorremos para ver e receber Jesus. Iniciemos agradecendo a Deus pela vida e história desta Comunidade que nos acolheu.

**Catequizando 1:** ... (nome do Padroeiro(a)), Rogai por nós!

**Catequizando 2:** Que desde ... (data da fundação da igreja) olhe por esta comunidade.

**Catequizando 3:** Obrigado (a), Senhor, pela presença do padre... (nome do pároco) entre nós.

Padroeiro da Comunidade

Data da Fundação

Pároco

O CAMINHO QUE PERCORREMOS PARA VER E RECEBER JESUS

## II – A NOSSA TURMA

**Catequista:** Vamos recordar o início de nossa caminhada para ver Jesus.

**Catequizando 4:** Abençoai Senhor nossos catequistas: ...

**Catequizando 5:** Que alegria ter como amigos: ....

Nome dos Catequistas                Nome dos amigos da turma

## III – A PALAVRA DE DEUS QUE NOS ORIENTA

**Catequista:** No dia ... (data da Celebração da Palavra – entrega da Bíblia) vocês receberam a Bíblia: palavra de Deus que ilumina nossa caminhada.

**Catequizando 6:** A Bíblia nos revelou que Deus é o nosso Criador.

**Catequizando 7:** Que os mandamentos da lei de Deus são orientações para garantir uma vida segura e feliz para nós e para a comunidade.

**Catequizando 8:** Que os profetas falaram em nome de Deus anunciando esperança para o povo.

**Catequizando 9:** Que João Batista foi o profeta que anunciou a chegada do Salvador.

**Catequizando 10:** Que Maria e José foram os escolhidos para formar a família de Jesus.

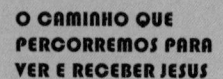

Bíblia

## IV – OS PRIMEIROS PASSOS COMO DISCÍPULOS DE JESUS

**Catequista:** Durante a nossa caminhada fomos chamados para ser sal da terra e luz do mundo e a conhecer o programa da atividade de Jesus como proposta para quem quer pertencer ao Reino.

**Catequizando 11:** Para pertencer ao Reino devemos anunciar a Boa-nova de Jesus.

**Catequizando 12:** Para pertencer ao Reino devemos viver o Mandamento do Amor.

**Catequizando 13:** Para pertencer ao Reino devemos perdoar e buscar uma vida de comunhão.

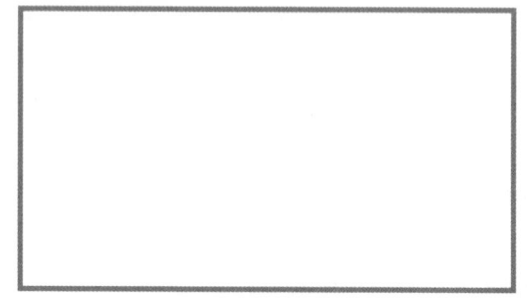

Jesus e seus discípulos

## V – OS COMPROMISSOS ASSUMIDOS PARA A CONSTRUÇÃO DO REINO

**Catequista:** A cada encontro assumimos um compromisso de serviço e testemunho.

**Catequizando 14:** Estamos partilhando a esperança de um mundo melhor.

**Catequizando 15:** Estamos participando da Santa Missa agradecendo a Deus por termos Jesus, o Pão da Vida.

**Catequizando 16:** Estamos unidos a Jesus vivendo e proclamando a alegria de sermos cristãos.

Compromissos assumidos

## VI – A ALEGRIA DE PERTENCER À FAMÍLIA DE DEUS

**Catequista:** Pertencemos à Família de Deus através do nosso batismo.

**Todos:** Obrigado Senhor, pelos meus pais: ..... (dizer o nome dos pais)

**Todos:** Obrigado Senhor, pelos meus padrinhos: ..... (dizer o nome dos padrinhos)

Dia do meu Batismo: _____
Nome dos pais: _____
Nome dos Padrinhos: _____
Onde fui batizado: _____
Celebrante: _____

## VII – O RETORNO AO CONVÍVIO DE DEUS E DA COMUNIDADE

**Catequista:** No dia ... (data da Primeira confissão), recebemos de Deus, através do Sacramento da Reconciliação o seu perdão. O padre... (nome do padre confessor) nos acolheu para a reconciliação com Deus e com os irmãos.

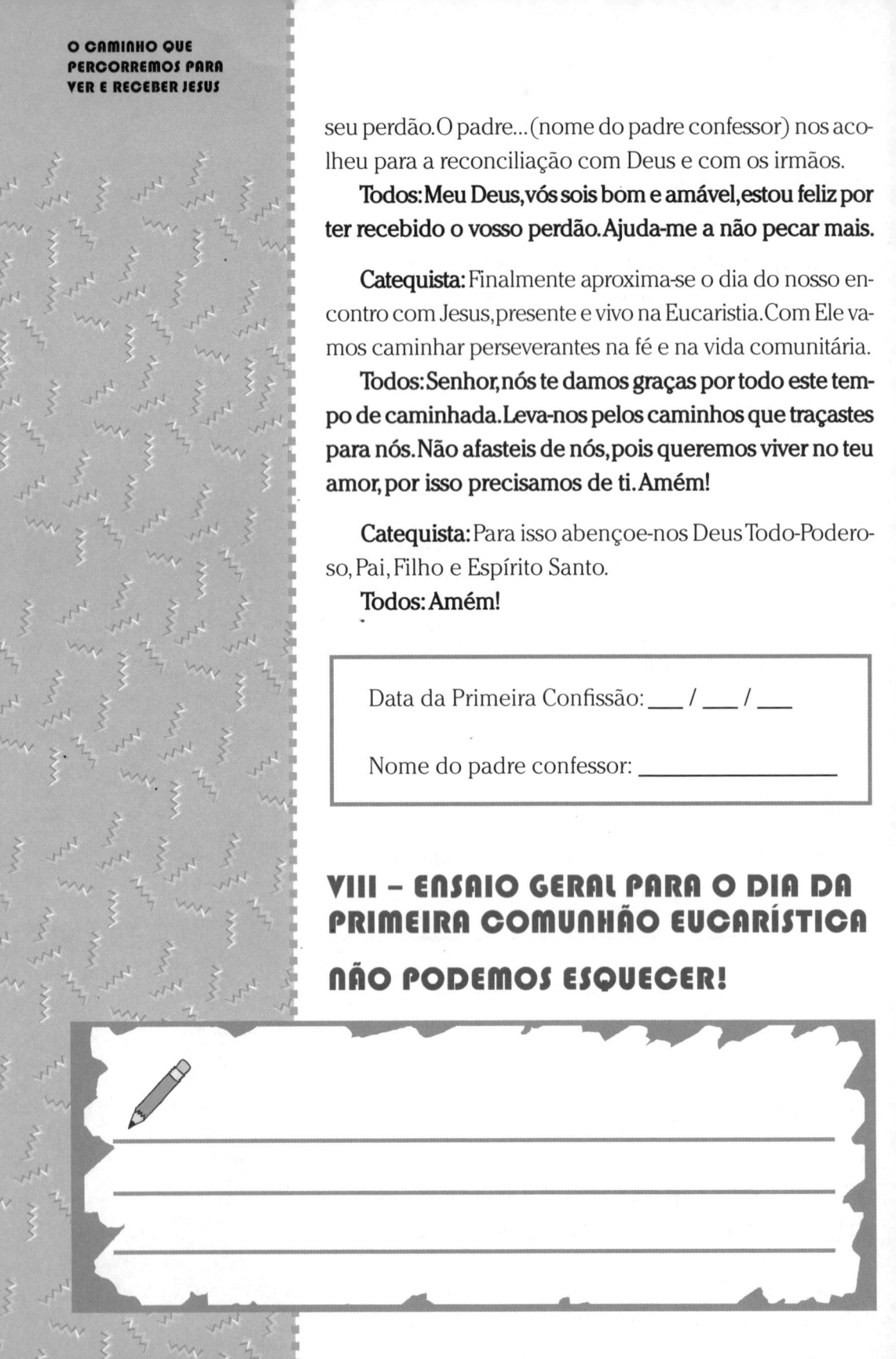

**Todos:** Meu Deus, vós sois bom e amável, estou feliz por ter recebido o vosso perdão. Ajuda-me a não pecar mais.

**Catequista:** Finalmente aproxima-se o dia do nosso encontro com Jesus, presente e vivo na Eucaristia. Com Ele vamos caminhar perseverantes na fé e na vida comunitária.

**Todos:** Senhor, nós te damos graças por todo este tempo de caminhada. Leva-nos pelos caminhos que traçastes para nós. Não afasteis de nós, pois queremos viver no teu amor, por isso precisamos de ti. Amém!

**Catequista:** Para isso abençoe-nos Deus Todo-Poderoso, Pai, Filho e Espírito Santo.

**Todos:** Amém!

Data da Primeira Confissão: ___ / ___ / ___

Nome do padre confessor: _____

## VIII – ENSAIO GERAL PARA O DIA DA PRIMEIRA COMUNHÃO EUCARÍSTICA

### NÃO PODEMOS ESQUECER!

# COMO PEDRO E PAULO SOU DISCÍPULO DE JESUS

Celebração de envio para uma vida de fé e perseverança.

## I – FAZENDO UNIDADE

### Canto Inicial

**Animador(a):** Em nome do Pai, do Filho e do Espírito Santo.

**Todos:** Amém!

**Animador(a):** Com alegria nos reunimos para celebrar o valor da unidade, da vida de fé e de esperança na comunidade. A comunidade de Jesus é nossa casa – "Escola de comunhão". Vivenciamos a bondade de Deus nosso Pai que em seu filho Jesus vem nos visitar. Algo de bom acontece quando buscamos Jesus na Eucaristia. Suas palavras e seus ensinamentos penetram o nosso coração.

**Leitor 1:** "Vem e segue-me", disse Jesus!

**Todos:** Senhor, queremos seguir seus passos.

**Leitor 2:** " Sereis meus discípulos se permanecerdes na minha palavra", disse Jesus!

**Todos:** Senhor, queremos ouvir sua voz e acolher seu chamado.

**Leitor 1:** "A paz esteja com vocês!", disse Jesus!

**Todos:**
Senhor, fazei-me instrumento de vossa paz.
Onde houver ódio, que eu leve o amor;
Onde houver ofensa, que eu leve o perdão;
Onde houver discórdia, que eu leve a união;
Onde houver dúvida, que eu leve a fé;
Onde houver erro, que eu leve a verdade;
Onde houver desespero, que eu leve a esperança;

Onde houver tristeza, que eu leve a alegria;
Onde houver trevas, que eu leve a luz.
Ó Mestre, Fazei que eu procure mais
Consolar, que ser consolado;
compreender, que ser compreendido;
amar, que ser amado.
Pois, é dando que se recebe,
é perdoando que se é perdoado,
e é morrendo que se vive para a vida eterna.

**Animador:** A nossa missão é levar a mensagem de Jesus para as outras pessoas. Seus primeiros discípulos percorreram longas estradas, foram para lugares distantes e anunciaram a Boa-nova do Evangelho.

## II – FAZENDO MEMÓRIA

**Leitor 2:** Jesus, o Filho de Deus, morava na cidade de Nazaré. Ele e seus discípulos freqüentaram muitas vezes o templo de Jerusalém. Depois da morte e da ressurreição de Jesus, as primeiras comunidades cristãs começaram a se reunir nas casas. Nelas todos refletiam sobre a vida e os ensinamentos de Jesus, permaneciam unidos na oração e repartiam o pão em memória de Jesus.

**Todos:** Os primeiros cristãos testemunharam com fé a certeza da presença de Jesus.

**Animador(a):** Como Pedro e Paulo somos discípulos de Jesus.

**Leitor 1:** Quem é Pedro?
1. Chamado de Pedro: Mt 4,18-20
2. Sobre Ti edificarei a minha Igreja: Mt 16, 13-19.
   Jesus usou o símbolo das chaves para se referir à missão de Pedro. Hoje, temos na Igreja e na Comuni-

dade, a mesma missão que foi confiada a Pedro: fazer o Reino de Deus acontecer hoje, aqui e agora.
3. Um dia Jesus perguntou a Pedro: Tu me amas? E respondeu que sim e Jesus o convidou a ser coordenador do grupo dos apóstolos em sinal de unidade para toda a Igreja.

**Leitor 2:** Quem é Paulo? Atos 9,1-22
1. Outro grande apóstolo que se destacou na história da Igreja primitiva foi São Paulo. Logo depois que os primeiros cristãos formaram comunidades, foram perseguidos e impedidos de expressar publicamente a fé em Jesus Cristo.
2. Dentre os inimigos dos cristãos havia um homem muito inteligente e culto, que nutria grande ódio por eles. Seu nome era Saulo ( na língua dos judeus) e Paulo para nós.

Um dia, ele estava, como de costume, perseguindo os cristãos quando repentinamente foi cercado por uma grande Luz da qual saía uma voz dizendo: "Saulo, Saulo. Por que me persegues?"

Ele perguntou: "Mas quem és tu, Senhor?".

Jesus respondeu: "Eu sou Jesus a quem tu persegues?"

Naquele momento Paulo entendeu que Jesus lhe fazia um convite: mudar de vida e deixar-se conduzir por Ele, tornando-se um grande apóstolo.

**Animador(a):** Com a fé de Pedro e a coragem de Paulo devemos dar testemunho de nossa alegria por participarmos da comunidade de cristãos, hoje.

- Nós somos a Igreja – formamos a Igreja reunida em torno de Jesus – o Bom Pastor.
- Nós ajudamos a construir a vida da Igreja: participando e vivendo o projeto de Jesus.

- Podemos ser Igreja na prática: participando da vida da Comunidade, ajudando as pessoas que mais necessitam do nosso apoio, respeitando o jeito de cada um, lutando contra toda forma de injustiça. Lembrando sempre que nela está presente a Igreja de Jesus Cristo, um, santa, católica e apostólica.
- Todos somos chamados – a exercer algum serviço na Igreja. Existem os ministros ordenados ( diáconos, padres, bispos, cardeais ) e ministros não ordenados que podem ser todos os cristãos ou melhor qualquer pessoa que se prontifique a servir na Comunidade: catequistas, grupo de jovens, adolescentes, casais, etc...
- Todos nós somos Igreja, unidos no amor do Pai, do Filho e do Espírito Santo. Somos um povo unidos pela fé, no seguimento de Jesus.

## III – FAZENDO UM COMPROMISSO

**Dinâmica de compromisso e participação na Comunidade:**

Cada vareta representa a nossa pessoa, que é frágil, sem força, sem vontade de ir adiante.

Vejam como elas se tornaram mais forte, difícil de quebrar. Isto nos ensina que se vivermos unidos a Jesus e formando a sua Comunidade, teremos força e coragem de seguir adiante. Seremos mais fortes e com esperança caminharemos mais felizes, construindo uma vida na fraternidade e na paz.

**Todos:** Senhor, queremos viver unidos em nossa comunidade. Queremos perseverar sendo firmes fé, incansáveis na esperança e verdadeiros na caridade.

**Animador:** Como irmãos e irmãs na fé vamos rezar com amor e confiança a oração que Jesus nos ensinou.

Todos: Pai Nosso.

Reflexão final

**Oração final:**
Senhor Jesus, que um dia disseste aos seus discípulos: "Eu não vos deixarei, enviarei o meu Espírito de Amor... Eu vos deixo a paz, eu vos dou a minha paz!", escutai a nossa prece. Nós queremos permanecer no seu amor, pois o seu amor nos consagrou. Guarda-nos em seus braços, oh bom Pastor! Ensina-nos a viver em sua presença, unidos, alegres e em paz! Amém.

# ÍNDICE

1º Encontro: Conte comigo para anunciar o Reino........................................................ 01
2º Encontro: Devo pertencer ao Reino para anunciar a Boa-nova de Jesus ............... 09
3º Encontro: Quero ser sal da terra e luz do mundo ..................................................... 15
4º Encontro: Igreja, Sacramento de Jesus ....................................................................... 21
5º Encontro: O Reino de Deus é de perdão e misericórdia.......................................... 33
6º Encontro: Perdoar é necessário para ser feliz........................................................... 41
7º Encontro: Minha vida é partilha e esperança............................................................ 49
8º Encontro: Jesus é o pão da vida: amor e doação...................................................... 57
9º Encontro: A solidariedade que brota do amor.......................................................... 65
10º Encontro: Quero ser mais solidário ........................................................................... 73
11º Encontro: A fé que me faz confiar em Deus Pai ...................................................... 81
12º Encontro: Vamos permanecer unidos a Jesus ......................................................... 89
13º Encontro: Em Jesus encontro alegria ........................................................................ 95
14º Encontro: Quero seguir Jesus ................................................................................... 101
15º Encontro: Sou feliz porque posso ver Jesus........................................................... 107

A Santíssima Trindade ..................................................................................................... 113
Meu Batismo, em nome do Pai, do Filho e do Espírito Santo.................................... 115
Memorial da Paixão, Morte e Ressurreição de Jesus................................................... 121
De volta à Casa do Pai ..................................................................................................... 129
O caminho que percorremos para ver e receber Jesus............................................... 135
Como Pedro e Paulo sou discípulo de Jesus................................................................ 141

# CONTE COMIGO PARA VER JESUS

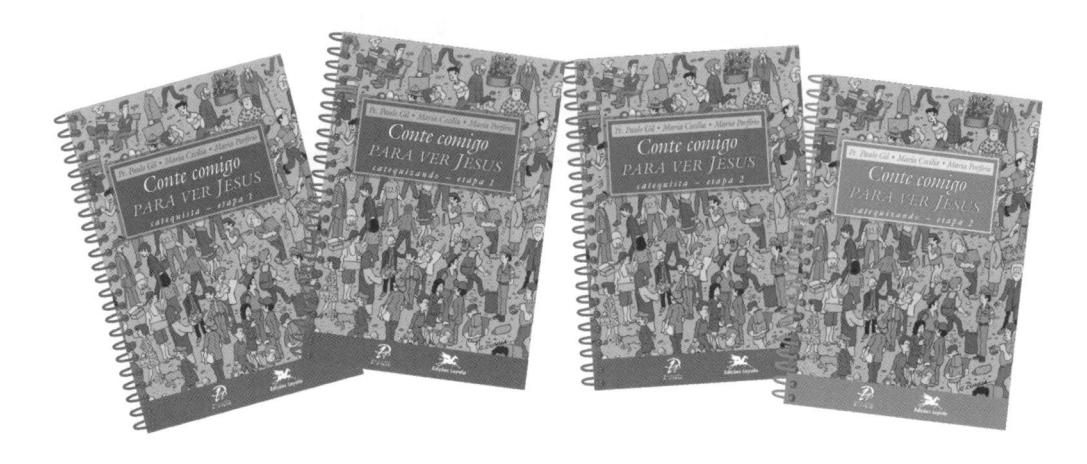

Catequisar é um desafio que exige de todos nós motivação e a busca cotidiana pela qualificação. Afinal, trata-se de formar pessoas na fé cristã, com maturidade em suas convicções para os desafios da vida.

**Conte Comigo Para Ver Jesus** é o projeto que muda radicalmente as perspectivas tradicionais da Catequese, conforme o apelo da CNBB para o Ano Catequético.

O que se aprende nas formações nas comunidades, por meio deste material, passa a fazer parte da realidade do catequizando que aplica cada ensinamento ao seu cotidiano, sendo verdadeiramente uma catequese transformadora.

Continue adotando as **Etapas 1 e 2** para as próximas turmas de catequese!

Conheça também o **mais completo livro** para grupos que buscam perseverar na fé e na vida comunitária

NOVIDADE!

Diferente - prático - inovador

Esta obra foi composta pela
Palavra & Prece Editora e impressa pela Edições Loyola.